当代高校美育理论与实践的创新

梁江歌◎著

文化发展出版社
Cultural Development Press
· 北京 ·

图书在版编目（CIP）数据

当代高校美育理论与实践的创新 / 梁江歌著．— 北京：文化发展出版社，2023.10

ISBN 978-7-5142-4115-0

Ⅰ．①当… Ⅱ．①梁… Ⅲ．①美育－教学研究－高等学校 Ⅳ．① G40-014

中国国家版本馆 CIP 数据核字 (2023) 第 203353 号

当代高校美育理论与实践的创新

梁江歌　著

出 版 人：宋　娜

责任编辑：范　炜　　　　责任校对：侯　娜

责任印制：杨　骏　　　　封面设计：守正文化

出版发行：文化发展出版社（北京市翠微路 2 号 邮编：100036）

网　　址：www.wenhuafazhan.com

经　　销：全国新华书店

印　　刷：天津和萱印刷有限公司

开　　本：710mm × 1000mm　1/16

字　　数：200 千字

印　　张：11.5

版　　次：2025 年 1 月第 1 版

印　　次：2025 年 1 月第 1 次印刷

定　　价：72.00 元

I S B N：978-7-5142-4115-0

◆ 如有印装质量问题，请电话联系：010-58484999

前　言

美育是素质教育的有机组成部分，能够全面提升教育质量并塑造学生的人格。此外，美育也是一种实践教育活动和思想觉醒的体现，其核心含义在于不只是人类认识和改造世界的重要手段，同时还是实现个体美化和塑造完美人格的重要途径。美育的使命是培养人们的审美意识和观点，提升人们的审美能力和创造美的能力，从而打造一个具有审美人生境界的个体，并培养和谐完美的人格。美育依据社会和个人发展的需要，促进学生在知识、道德、个性、身心和能力等各个方面的全面发展，在素质教育中具有不可或缺的重要价值。

在美育课程的制定和实施中，美育课程内容具有至关重要的支持作用，因为所选的内容将直接影响学生获得的知识、能力和素质的方向。为了有效实现美育目标并促进学生审美素质的发展，我们应当选择与时代潮流相契合、经典而富有代表性，并且符合学生特点的美育内容，同时对这些内容进行合理的组织安排。由此可见，高校美育要立足于当前美育发展现状，认识到美育的不足，重视美育在高校的发展和实现，从多个角度进行分析，对高校美育进行创新，让高校美育发挥其应有的价值。

本书第一章为美育理论概述，分别介绍了美育理论的构建基础、美育理论的确立、美育理论的异化三个方面的内容；本书第二章为高校美育概述，主要介绍了四个方面的内容，依次是高校美育的概念与内容、高校美育的特征与功能、高校美育的方法与原则、高校美育与学科教育的联系；本书第三章为高校美育发展分析，分别介绍了高校美育发展历史分析、高校美育发展现状分析、高校美育发展问题分析、高校美育发展困境分析四个方面的内容；本书第四章为高校美育实践，依次介绍了高校音乐美育实践、高校舞蹈美育实践、高校文学美育实践三个方面的内容；本书第五章为高校美育的创新路径，主要介绍了四个方面的内容，分别是高校美育中的学生管理创新、高校美育中的教学管理创新、高校美育中的课程建设创新、高校美育中的校园文化创新。

在撰写本书的过程中，笔者得到了许多专家学者的帮助和指导，参考了大量的学术文献，在此表示真诚的感谢！

限于笔者水平有不足，加之时间仓促，本书难免存在一些疏漏，在此，恳请同行专家和读者朋友批评指正！

梁江歌

2023 年 3 月

目　录

第一章　美育理论概述

美育理论是对当代高校美育进行研究的基础，中国的美育经历了漫长的发展历程。在这个发展历程当中，我们不仅继承了传统文化中的美育相关理念，还吸收了西方近现代美育的新思想，形成了一套具有别样特色的美育理论体系。本章为美育理论概述，主要介绍了美育理论的构建基础、美育理论的确立和美育理论的异化三方面的内容。

第一节　美育理论的构建基础

一、美育学科建构开始起步

在20世纪80年代初，中国的美育进入了复苏阶段。尤其是在中华美学学会第二届年会上发表了建立具有中国特色的美育学科的观点之后，中国的美育理论研究者们以马克思主义作为指导，自觉地吸收了国内外的美育理论，加强了对美育独立性的研究，试图将美育作为一门独立学科来进行研究。到了20世纪90年代，美育理论逐渐成熟，涌现出了具有一定科学理论架构的美育专著和教材。

当时的美育著作，大体可以分为两大类：第一类，借鉴和效仿美学的结构体系，形成美育著作或教材的篇章布局，例如，王定金主编的《美育教程》、杨昌江主编的《美育》和李文库主编的《简明美育教程》等。这类美育著作或教材由美学的基本理论、美育涉及的主要对象与内容两个方面构成。第二类，侧重于美育自身特性，注重美育的性质、对象、功能、任务、原则和实施途径。例如，杨恩寰主编的《审美教育学》、仇春霖主编的《美育原理》、章新建和杨春鼎合著的《美育概论》等。这类著作更加注重美育自身特点，但缺乏严谨的范畴逻辑，理论阐述较多，学习起来较为困难。

20 世纪 90 年代，美育理论工作者构建美育教学的倾向更趋明显，如蒋冰海的《美育学导论》、杜卫的《现代美育学导论》与《美育学概论》等著作或教材，都直接冠以“美育学”的名称。美育学科建设受到了国家的高度重视。1997 年，李岚清副总理亲自作序，高等教育出版社出版了《大学美育》《美术鉴赏》《音乐鉴赏》《影视鉴赏》等系列大学美育教材，改写了我国高等院校没有国家统编美育教材的历史。从总体上看，20 世纪 80 年代以来，我国出版的美育著作或教材，以介绍美学知识、原理为主，指导学校美育实践的较少。1991 年，赵伶俐出版了《人生价值的弘扬——当代美育新论》一书，就美育目标、课程、教法等方面进行了专门论述，具有一定的理论深度。

二、美育理论研究不断深化

（一）审美主体性命题

从 20 世纪 70 年代末到 20 世纪 80 年代末，在中华美学学会的第二次大讨论中，李泽厚以康德对于美感中感性和理性组合关系与构成方式的思想为依据，提出了美育价值人类学本体论思想及“以美启真”“以美储善”的命题。

20 世纪 90 年代初，李泽厚的人类本体论美学思想开始向心理本体转变。此时，刘再复依据李泽厚的审美主体性美学思想提出了文学主体性命题，引发了中华美学学会的第三次大讨论。在中华美学学会第三次大讨论中，一些年轻的美学研究者在对李泽厚美学体系缺失的批评中开始建构和实践美学，把感性、生存、生命、体验作为新美学建构的基本范畴。“感性美学”首先批评李泽厚的理性主义，要求还人以个人的感性本体。“超越美学”提出“超越实践美学，建立超越美学”。“生命美学”提出美学应以探索生命存在与超越为旨归。这场由主体性命题引起的主体性实践美学与后实践美学的激烈争辩，为新时期美育本质论、美育功能论及美育与德育的关系等美育理论中关键命题的展开奠定了逻辑的前提[①]。

另外，20 世纪 90 年代以来，作为美育理论奠基者的席勒，成为当代中国美育理论界最关注的思想家。从陈玉德对席勒审美教育思想的分析，到李欣人对席勒与马克思思想的比较，再到杜卫对席勒美育现代性的阐释，席勒《审美教育书

① 冉祥华．美育的当代发展[M]．北京：新华出版社，2008．

简》中关于游戏冲动、现代人性的分裂、人性和谐、自由时限、审美与自由等命题范畴，已成为当代中国美育界的共识和基本的思想资源。

（二）美育本质论命题

20 世纪 80 年代初重新启动了美育本质论的探讨，研究者立足于不同的美学观，提出了许多不同的美育观，显示了在美育本质论上前所未有的多向性，从整体上看，总的倾向是向着审美感性存在的视角展开的理论探讨。20 世纪 70 年代末至 20 世纪 80 年代初，学界对美育的理解主要是狭义的，认为美育比较密切地和艺术教育相联系，甚至直接把“美育”称为艺术教育。还有一些学者认为美育是德育的辅助手段，提出“美育就是通过文学、艺术和借助大自然、现实环境中的美，对儿童青少年进行的教育，形成他们正确的审美观点，发展艺术才能和进行思想道德教育”①。

进入 20 世纪 80 年代中期，学界对于美育的理解开始泛化，美育的内涵由狭义走向广义，美育本质论也出现了多种提法。蒋孔阳、曾繁仁在吸收西方美育理论的基础上，以马克思主义关于人的全面发展理论为指导，对美育的本质展开了更高水准的讨论。蒋孔阳在《谈谈审美教育》一文中，把审美活动本原性的、本然性的性质还原，提出美育“应该首先是娱乐教育”。曾繁仁在《论美育的本质》一文中提出美育是情感教育。他所说的“情感教育”主要有两层含义：其一，美育活动是在情感领域进行的；其二，这种审美情感本身是一种判断力，并不是绝对的感性的盲目。但也有一部分学者提出了反对意见。潘必新指出，把美育界定为情感教育，是对席勒、王国维、蔡元培著作的误读，他提出美育的本质应当回归到席勒的提法：美育是“培养我们感性和精神力量的整体达到尽可能和谐”的教育②。

近年来，在对美育本质的研究中，对“感性”“生命”等范畴的引入很普遍。杜卫认为：“感性是一个贯通了肉体和精神的个体性概念，它以情感为中心。但是，从严格的意义上讲，情感只是感性的一种形式，不可能包含感性这个概念的丰富内涵，因此，还是把美育界定为感性教育更为合适。”③王德胜认为，强调人的生

① 冉祥华．美育的当代发展 [M]. 北京：新华出版社，2008.

② 贾涛．艺术常识 [M]. 上海：上海科学技术文献出版社，2015.

③ 刘彦顺．中国美育思想通史当代卷 [M]. 济南：山东人民出版社，2017.

命意识的全面开发，应当是美育的根本目标①。

还有学者提出，不应当对“美育”作狭义理解，认为美育是塑造完美人格、发展全面素质的教育，美育远不是艺术教育、狭义的美感教育、美学方面知识的教育，它还有更广泛的内容。赵伶俐提出“审美化教学”思想，认为应“将所有的教学因素（诸如内容、方法、手段、评价、环境等）转化为审美对象，使整个教育过程转化为美的欣赏、美的表现和美的创造活动”②。这种观点可称为泛审美教育论，它更多地强调美育范围不只是艺术教育，却在语言上忽视了对艺术教育的强调。

（三）美育与德育命题

20 世纪 80 年代以来，叶朗、曾繁仁等学者，对美育与德育的本质区别与联系进行了深入探讨，并且将研究的重点转移到对美育与德育心理因素的连接上，在研究方法和视野方面都有新的建树。对于美育与德育的关系的认识，叶朗的看法具有一定的代表性。美育与德育既有区别又有联系，它们互相配合、互相补充、互相渗透，但却不能互相代替。无论就性质来说还是就社会功能来说，美育与德育都是有区别的。尽管美育能够辅助德育，但是绝不能仅把美育作为德育的一种手段，美育有自己的独立价值。

三、美育研究领域不断拓展

20 世纪 80 年代以来，美育研究领域不断扩大，与美育密切相关的课题如美育心理学、胎教美育、幼儿美育等课题得到深入探讨。

20 世纪 80 年代以前，美育心理研究几乎一片空白，是美育研究中最薄弱的环节。进入 20 世纪 80 年代以来，刘兆吉在美育心理研究方面取得了显著成绩。1981 年，他提出了“美育心理”概念；1983 年，在他的力争下，“美育心理”在《中国大百科全书 · 教育卷》中正式成立了条目，标志着从心理学角度开始研究美育、重视美育中的心理学问题研究；1990 年和 1993 年，他主编的《美育心理学》和《美育心理研究》出版。美育心理研究进入了全面而系统的发展阶段。此外，赵

① 王希军，葛星．审美教育 [M]. 东营：石油大学出版社，2007.

② 彭茜．教育性教学交往论 [M]. 杭州：浙江教育出版社，2012.

伶俐、白天佑在美育心理研究上也有新的建树。

2001年，曾繁仁将加德纳的“多元智能理论”及“情商”概念引进美育研究领域，探讨了“多元智能理论”与美育之间的关系。多元智力理论不仅从素质教育的角度为美育开辟了道路，而且在教育内容上也将艺术教育提高到了突出位置，同时为美育提供了更加科学的评估方法。

优生科学、生命科学的发展，也给美育研究提供了契机。姚全兴的《胎教的美育原理和方法》认为，以美育为原理和方法的现代胎教，能有效地提高人口质量，改善民族素质。陈昔勇的《幼儿美育》、陈超南的《家庭美育》，将美育的触角伸入了儿童和家庭教育领域。

第二节　美育理论的确立

一、中国现代美育理论的启蒙意向

鸦片战争爆发之后，中华民族的命运发生了巨大变化，西方列强以军事和经济的优势打破了清政府“威加海内”的美梦。经过长期思索，一些知识分子提出，欲挽救民族危亡，必须进行思想启蒙，改造愚昧落后的国民精神，培养实用型人才。中国现代美学就是在这样的语境下诞生的，它所面对的问题也是启蒙。但是，同以理智为中心的理性启蒙（如标举“民主”“科学”的五四新文化运动）不同，王国维、蔡元培、朱光潜等现代美学家、思想家选择的是一条以情感为中心的感性启蒙之路，他们多从社会变革角度形成美学思想，并“试图以审美教育来解放人性，改造文化，变革社会”[①]。

王国维是中国现代美学的最早开拓者。他痛感辛亥革命以来，社会道德沦丧、国民精神不振，希望通过美育净化国民嗜好，培养高尚人格，使中华民族重振雄风。他针对当时国人吸食鸦片、政府屡禁不止的社会现实，提出“其最终之原因，则由于国民之无希望、无慰藉。一言以蔽之：其原因存于感情上而已。……感情上之疾病，非以感情治不可”[②]。由此可以看出他认为文学和艺术具有“无用之用”，

① 杜卫．走出审美城：新时期文学审美论的批判性解读[M]．北京：东方出版社，1999.

② 姚淦铭，王燕．王国维文集：第3卷[M]．北京：中国文史出版社，1997.

是消灭当时人们不良嗜好的最好办法。

在王国维看来，物质只能够满足国人较为低级的需要，却不能给国人以精神上的动力。要真正唤醒国民的精神和灵魂，必须大力实施美育，慰藉国人之情感，解决国人之空虚。进一步来说，就是要利用艺术所特有的情感满足和升华作用来解决当时的社会问题。显然，这是他艺术无用之用思想的延伸，正是从这里王国维开启了中国现代感性启蒙的先河。

继王国维之后，蔡元培对美育理论做了较为全面且系统的阐述和发挥。他高举科学、民主的大旗，针对清朝“忠君、尊孔、尚公、尚武、尚实”的钦定教育宗旨，以及封建复辟势力提出的定孔教为国教的逆流，提出了“五育并举”（德、智、体、美和世界观教育）的思想与以美育代替宗教的主张[①]。作为时代的启蒙话语，蔡元培的美育理论首先着眼于健全人格的培养。他认为，要以无功利的美去纯洁国人之情感，以克服人道主义最大的阻力——“专己性”。他曾说：“我以为吾国之患，固在政府之腐败与政客军人之捣乱，而其根本，则在于大多数之人皆汲汲于近功近利，而毫无高尚之思想，惟提倡美育足以药之。”[②]

朱光潜讲美育、论人生艺术，归根结底就是为了批判国民性，改造国民的价值观念，从而建设新的思想文化，以达到改造社会的目的。他指出，要矫正当今时弊，最紧要的莫过于先救人心，而救人心最根本的途径就是美育[③]。他在《谈美》一文中明确表示：“我坚信中国社会闹得如此之糟，不完全是制度的问题，是大半由于人心太坏。我坚信情感比理智重要，要洗刷人心，并非几句道德家言所可了事，一定要从‘怡情养性’做起，一定要于饱食暖衣、高官厚禄等等之外，别有较高尚、较纯洁的企求。要求人心净化，先要求人生美化。”

可见，作为启蒙话语的中国现代美育理论，具有很强烈的现实针对性。与西方近代哲学家总是置美学于哲学体系的一个组成部分而加以思考不同，中国近代社会活动家则多从社会改革的角度形成其美学思想，并使这种思想服务于一定的社会目的。这说明，由王国维、蔡元培、朱光潜等美学家开创的中国现代美育理论，从一开始就不是纯粹的美学话语，其目的始终是指向改造社会现实、解决实际人生问题，因而，具有鲜明的功利主义色彩。

① 汤广全．教育家蔡元培研究[M]．济南：山东人民出版社，2015．

② 高平叔．蔡元培教育论著选[M]．北京：人民教育出版社，2017．

③ 冉祥华．美育的当代发展[M]．北京：新华出版社，2008．

二、中国现代美育理论的西方渊源

中国现代美育理论是在译介、传播西方美学尤其是德国美学过程中逐渐建立起来的，其中康德和席勒的美学是两个重要的思想来源。20 世纪初，王国维、蔡元培分别从英文和德文中译出“美育”一词，从此，西方美育思想在中国得以迅速传播。中国现代美育理论对西方美学的借鉴，不仅表现在“美育”等概念的使用上，更表现在对美育的根源、性质作用的理解方面。

（一）对美育根源的理解

18 世纪中叶，鲍姆嘉通将美学从哲学中分离出来，使美学作为一门独立的学科而被确立下来。至康德，美学研究达到了全盛时期。鲍姆嘉通认为人类的心理活动包括知、情、意三个方面①，正好和客观事物真、善、美三种价值的对应，真关乎知、善关乎意，美关乎情。他的《纯粹理性批判》主要讲认识论（认识活动），《实践理性批判》主要讲伦理学（意志活动），《判断力批判》主要讲美感（情感活动）。在他看来，人类三方面的心理活动，分别体现在对真、善、美的追求中。中国现代美学家大都把康德的上述观点作为论证美育的根源及合理性的理论基础。

王国维在 1903 年发表了《论教育之宗旨》一文。他指出，教育的根本宗旨在于“使人成为完全之人物”，所谓“完全之人物，精神与身体必不可不为调和之发达，而精神之中又分为三部：知力、感情及意志是也。对此三者而有真善美之理想：‘真’者知力之理想，‘美’者感情之理想，‘善’者意志之理想也。完全之人物不可不备真善美之三德，欲达此理想，于是教育之事起。教育之事分为三部：智育、德育、美育是也”。显然，王国维对教育宗旨的论述是比较系统且富有学理性的，从中也能够清楚地看出康德“知、情、意”三分法的影子。

蔡元培 1915 年的《哲学大纲》，1917 年的《以美育代替宗教说》等文章，也是在康德美学的前提下论述美育心理根源的。他在《哲学大纲》一文中说：“美学观念者，基本于快与不快之感，与科学之属于知见、道德之发于意志者，相为对待。科学在乎探究，故论理学之判断，所以别真伪：道德在乎执行，故伦理学之判断，所以别善恶；美感在乎鉴赏，故美学之判断，所以别美丑，是吾人意识发

① 李立群，胡静雯．体育美学[M]．芜湖：安徽师范大学出版社，2012．

展之各方面也。”他根据康德的观点，将人的心理功能分为三大方面：知见、意志及情感。这三者是人类精神活动作用的根源，即论理学产生于知见，道德产生于意志，美产生于情感。这一理论在蔡元培美育理论中占有非常重要的地位。

受康德美学的影响，朱光潜认为，教育的最高目标在于培养“全人”，所谓“全人”就是指全面和谐发展的人[①]。在他看来，当时中国的教育，注重的是智育，德育的重要性也不会有人否定，但是美育很少有人顾及。然而，美育的缺失，必然会导致人审美感受力的迟钝，缺少发现美的“眼睛”，心中就不会充满美、洋溢美，生活的情趣就会淡薄，体验不到生命的意义和价值。因此，他特别强调美育的重要性，强调真、善、美和谐发展的重要性。

（二）对美育性质的理解

德国美学，从康德到席勒、再到叔本华，都是从审美超功利性来解说审美性质的。康德的审美超功利观点，是康德美学理论的根本点。中国现代美学受其影响很深，在美育理论的论述中随处都能够见到对这一观点的引用和发挥。

王国维从康德的审美超功利性观点出发，指出：“美之性质，一言以蔽之曰：可爱玩而不可利用者是已。”[②]在《孔子之美育主义》一文中，他断言孔子教人“始于美育，终于美育”。所谓“始于美育”是指孔子讲“兴于诗”“尤使人玩天然之美”，其目的是“平日所以涵养其审美之情”。所谓“终于美育”是指养成“无欲纯粹”之“我”，达到“无希望，无恐惧，无内界之争斗，无利无害，无人无我，不随绳墨而自合于道德之法则”的境界。孔子人生理想的最后阶段是“从心所欲不逾矩”。美之为物能够使人达此之境，艺术的“无用之用”就在这里，而这正是美育的精髓。

蔡元培关于美的“普遍”与“超脱”的思想，直接来源于康德的哲学与美学。在论述美的性质和作用的时候，他写道：“美的对象，何以能陶养感情？因为它有两种特性：一是普遍；二是超脱。既有普遍性以打破人我之见，又有超脱性以透出利害的关系；所以当着重要关头，有‘富贵不能淫、贫贱不能移、威武不能屈’的气概；甚至有‘杀身以成仁’而不‘求生以害仁’的勇气；这是完全不由于知

① 江飞，黄晶晶．朱光潜尽性全人教育思想[M]．太原：山西人民出版社，2018.

② 吴世常．美学资料集[M]．郑州：河南人民出版社，1983.

识的计较，而由于情感的陶养，就是不源于智育，而源于美育。”①

朱光潜的美学思想同样显示出对美的超功利性观点的强调。朱光潜早期的作品《无言之美》甚至将“超脱现实”作为衡量艺术价值的根本标准。在后来的《谈美》一文中，他指出：“伦理的价值是实用的，美感的价值是超实用的；伦理的活动都是有所为而为的，美感的活动则是无所为而为。……‘无所为而为的玩索’是唯一的自由活动，所以成为最高的理想。”由此可见，朱光潜对美育作用的强调，也是基于非功利的审美活动本身。

三、中国现代美育理论的实践生成

（一）美育独立地位的确立

同其他学科一样，美育的独立地位，是使其获得现代生命的必要前提。现代美学家吕澄在《论美育书》一文中说：“欲于今日提倡美育，非独立设施，不需要一切牵涉，不足以于其正轨。”美育只有从传统的综合交叉结构中分离出来，才能形成自己的学术体系和独立地位，才能够获得新的生命力。王国维、蔡元培、朱光潜等中国现代美学家，对于美育的独立地位，尤其是美育与德育、智育、体育之间的辩证关系进行了探讨。

在《论教育之宗旨》一文中，王国维明确提出，教育的宗旨在于培养“完全之人物”，因此他倡导智、德、美、体“四育”并举的“完全之教育”。他认为，在“完全之教育”中，一方面智育不可缺“德育为中心点”；另一方面，智育、德育、美育三者要相互协同，因为“人心知情意三者，非各自独立，而互相交错”。所以，只有德、智、美“三育”并行且相互渗透，人生才能够渐达真善美的理想，再加上体育，“斯得为完全之人物，而教育之能事毕矣”。

蔡元培对教育宗旨的理解，不同时期有着不同的表述，但是，总体来看，仍是以培养健全人格为根本的，具体途径总脱不了德、智、体、美四个主干。他在1912年发表的《对于新教育方针之意见》一文中，曾将美育列为“五育”之一，同时又将美育纳入德育。1920年，他提出普通教育的宗旨，一是养成健全的人格；二是发展共和的精神。他指出，“所谓健全的人格，内分四育，即：体育，智育，

① 周明星．成功校长全书：第2卷[M]．北京：人民日报出版社，2000．

德育，美育”①。

与王国维、蔡元培一样，朱光潜也接受了全面发展的教育观。他指出：“教育必须以发展全人为宗旨，德育、智育、美育、体育、群育五项应同时注重。”②

（二）美育基本特质的认同

王国维在引进美育概念的同时，摒弃传统乐教和诗教的单一内涵，从美育的根源入手，将审美界定在情感领域，明确指出美育是一种“诉诸情感的教育”③。他说：“美育者一面使人之感情发达，以达完美之域；一面又为德育与智育之手段，此又为教育者所不可不留意者。”④所谓“完美之域”是指“纯粹”的情感，也就是不受任何利害关系影响的情感。他还认为，美育的作用不只在于情感，它在使人情感发达的同时，也能够辅助于德育和智育。

蔡元培根据席勒对教育的划分提出：“教育学中，智育者教智力之应用，德育者教意志之应用，美育者教情感之应用也。”⑤这句话从心理学角度突出了美育的情感特质。他说：“人人都有感情，而并非都有伟大而高尚的行为，这由于感情推动力的薄弱。要转弱而为强，转薄而为厚，有待于陶养。陶养的工具，为美的对象，陶养的作用，叫做美育。”⑥显然，在蔡元培看来，美育实际上就是情感教育。商务印书馆于1930年出版的《教育大辞典》中，蔡元培撰写的《美育》条目指出：“美育者，应用美学之理论于教育，陶养感情为目的者也。”

受西方现代哲学特别是德国美学的影响，朱光潜认为，中国人理性方面的许多问题，实际上根源于感性方面，对于人生和人的修养来说，感性比理性更加基础，因而，人生和文化以及为人生的教育应该“以情为本”。在《谈美感教育》一文中，朱光潜明确指出“美感教育是一种情感教育”，他认为美感教育的作用在于怡情养性，因而美育也为德育之基础。

（三）美育实践样态的生成

中国现代美学家不仅关注美育理论建设，也注重引入国外先进的教育观念。

① 孙存占．体育教学与健康教育[M]．南昌：江西高校出版社，2019．

② 冉祥华．美育的当代发展[M]．北京：新华出版社，2008．

③ 潇牧，韦尔申．美学与艺术的新向度[M]．沈阳：春风文艺出版社，2014．

④ 王如良．美育基础知识[M]．南京：南京出版社，1992．

⑤ 聂振斌．蔡元培美学思想研究[M]．北京：商务印书馆，2012．

⑥ 蔡元培．中国伦理学史[M]．北京：中国书籍出版社，2020．

1912 年初，蔡元培出任南京临时政府教育总长，不久，他就发表了《对于新教育方针之意见》一文，对清末颁布的教育宗旨进行了批判，阐述了自己的美育思想，作为实施美育的依据。同期，蔡元培借鉴西方教育制度，以整肃封建教育，试图建立资产阶级民主教育体制。教育部颁布了第一个改造封建教育的法令《普通教育暂行办法》，规定学堂改为学校，初等小学男女同校，小学读经科一律废止等。

同时，教育部还颁布了《普通教育暂行课程之标准》，规定“初小、高小的美育课程为图画、手工、唱歌，同时初小图画改为必修科，手工、唱歌仍为随意科。高小手工改为必修科，唱歌仍为随意科，中学美育课程仍为图画、手工、唱歌，但都是必修科”①。随着艺术课程在新式学校的普遍开设，使得美育在不同的学校广泛普及。美育课程的设立和完善，是中国传统美育向现代美育转型的一个重要标志。

20 世纪初，王国维、蔡元培、朱光潜等近代美学家，在中西美学碰撞、融合中，创造性地将中国美学提到了“形而上学”的高度，运用西方的理性思维方式来研究美育，开创了具有启蒙意向的中国现代美育理论。现代中国美育理论具有鲜明的本土性和时代性，不仅对 20 世纪中国美育的发展产生了深远影响，而且至今仍具有重要的启迪意义。

第三节　美育理论的异化

一、异化的内涵

异化一词在英语中被翻译为 alienation，在德语中为 Entfremdung，它的含义涵盖了分离、疏远和陌生化等概念。这个词最初由马丁 · 路德于 1522 年在翻译《新约全书》时引入德语，用来描述人与上帝的疏离、不信神和无知的状态。在德语中，Entfremdung 一词的使用还汇集了拉丁语 abalienare 和 alienatio 两个词的含义。abalienare 一词在中古高地德语中表示陌生化、剥夺和拿走。alienatio 一词则指陌生、脱离和权利财产的转让。在古典自然法中，这个词被运

① 刘彦顺．走向现代形态美育学的建构 [M]. 济南：山东文艺出版社，2007.

用于描述权利的转让。因此，它与作为哲学概念的异化密切相关。

黑格尔是把“异化”当作哲学概念，并赋予其本体论的意义。他觉得，人类的发展历程其实可以说成是一部精神在经历异化，并经历复归的历史。通过将精神外化并物化为对象，人类来证明自身的一个存在。[①]然而，对于精神而言，这其实同样是一种异化，因为在物化的形式中，精神并没有自由。所以说，我们需要超越这种异化，摆脱对象性的束缚，使精神才可以得到发展，并进一步形成绝对精神，从而回归到自身并拥有自由，最终将自身的价值得以实现。年轻的马克思对黑格尔的异化思想进行了批判和改造，同时还试图批判性地研究资本主义经济制度和资产阶级政治经济学，提出了劳动异化理论。

通过三位德国思想家关于异化理论阐述，异化的概念逐渐形成并且发展到到今天。异化是一种关系，涉及人类，其特点是“把人的活动和这种活动的结果转化为一种支配人并与人敌对的独立力量。异化的根源在于对抗性的劳动分工和私有制。”[②]《苏联大百科全书》对异化的解释主要源自马克思的劳动异化理论。马克思曾经指出，理解了资本主义社会生产领域的异化，就能够更好地理解其他领域的异化，因为它们是这一异化现象的延伸。

二、美育理论在现代社会的异化

（一）美育理论的多元化

全球化的趋势引发了一系列新问题，这也为美育理论的多元化发展提供了社会前提。随着经济全球化的发展，文化也不可避免地变得全球化。文化冲突是难以避免的，但更多的是在冲突之后的融合过程中产生各种新的价值体系，还有一些生活方式以及一些全新的事物开始迅速涌现在人们面前，带来了新的艺术理念的冲击和影响。不管是接受还是排斥这种文化全球化的现象，来自不同地域和文化背景的人们必然会受到新的艺术理念的影响及熏陶。例如，欧美风等在我国迅速兴起，并赢得了广大受众的喜爱和追捧。在外来文化与本土文化的相互碰撞和融合中，我们可以看到一些本土化的表现形式，如卡拉 OK、酒吧、广场文化等。

① 庞世伟．论“完整的人”：马克思人学生成论研究[M]．北京：中央编译出版社，2009．

② 吴太胜，陈娅．技术伦理导论[M]．北京：现代教育出版社，2011．

同时，这种文化交流和新事物的涌现也带来了全新的艺术流派和艺术表达方式，形成了新的价值体系。随着社会文化逐渐呈现出多元化的一种趋势，美已经成为每个人都可以讨论和实践的话题。美的内涵和外延不断扩大，美学渗透到生活的方方面面。我们可以看到涉及旅游等领域的美学现象，如“旅游美学”等。同时，也会出现一些反美学的现象，例如“暴力美学”等。这些泛美学现象的出现反映了对美的理解和运用的多样性。在当今多元价值的潮流中，传统意义上的一个美育正在遭受着严峻的挑战，因此美的标准、类型和美育的目标需要重新进行一个考量与定位。新的美学观点在不断地出现，美的变化多样，使得人们难以跟上美的演进，代际之间的美学代沟也越来越深。因此，美育的领域必须不断扩展，美育的手段也变得更加多样化和丰富。过去认为美育只涉及艺术教育、情感教育或美感教育的观点已经不再被视为权威，而是被多元文化所重新构建。因此，美育理论开始变得更加复杂、大众化和与生活相关，美育也不再被视为一种严肃而单一的教育形式。

（二）美育理论的世俗化

审美现代性的重点就是重新强调感性，并尝试着借助恢复感性来应对过度强调“工具理性”所带来的后果。虽然其初衷具有合理性，但其结果却有一点偏离正常，导致艺术过于世俗，并脱离人们的一个现实生活。假如说文艺复兴时期的作品标志着感性的回归，并在很大程度上促使中世纪的艺术风格消失，而20世纪之后的一个现代主义与后现代主义作品则是极致充分将感性进行了展现，而且这种趋势逐渐加剧。作品的平面化、感官化和形式化等特点，都是这种回归的明显表现。当我们回顾过去，我们可以发现文艺复兴时期的复归旨在实现感性和理性的统一。然而，随着时间的推移，一些作品似乎偏离了理性的轨道，而艺术家们可以随意解释其作品的“深远意义”。正如丹尼尔·贝尔在《资本主义文化矛盾》中所说的，我们现在所处的时代，视觉观念、声音和景象等在美学中占据着主导地位，并对观众产生统治力。我们所处的时代确实更加注重感性而非理性。此外，科技的进步使得作品在复制与传播上面变得异常简单。人们能够随意将达·芬奇的《蒙娜丽莎》复制品放置在各种场合，甚至在厕所里播放贝多芬的《命运交响曲》。正是因为这种情况，人们对于美失去了一些神秘感、崇高感和真正体验美的能力。在当代社会中，美不再是一种令人惊叹的感觉，而变得疲劳和平凡。在日常生活中，我们不再奉行“距离产生美”的原则，因此，美将越来越世俗化。艺术的形式主义也就形成了美育上的一个世俗化，传统意义上的美育理念如“意境”等已经逐渐式微，而“新潮”等现代美育理念却变得流行起来。我们不能够确保“超级选秀”等现象的盛行是流行还是不流行，但至少能够说它们是传统美育和美育理论异化的极端表现。

（三）美育理论的商业化

尽管现代审美理论试图以感性主义为旗帜，以对抗物质社会对人的异化。但是，这种微弱的力量并没有实现“感性与理性的统一”所追求的美育效果，而是使美育理论逐渐商业化的一个推动力。如果依照审美现代性的设想，艺术应该担负起救赎人类的责任，然而这仅仅是人们的一种设想。在现代化的浪潮中，艺术无法独立自主地发展，也会受到外部各种各样的因素的影响，比如文艺体制和市场经济的影响。在现代艺术的发展中，艺术家们必须适应自力更生的时代，同时也要面对艺术商业化的现实。他们的创作必须考虑市场规律，紧密关注受众需求和商业指引，否则就难以获得足够的支持。因此，艺术已经进入了一个被外部规律所驱动的时代。随着社会进入消费时代，美、艺术和美育必然融入商业领域，而美的创造、复制和传播，甚至审美过程本身也必须市场化。在现今社会，我们可以清楚地看到艺术和审美正朝着更加商业化的方向发展。对于“审美生活化”和“艺术人生”等概念来说，它们不能完全避免不进入这场市场化的浪潮当中。费瑟斯通曾经对此作出了一些与之有关的描述：“唯美主义和消费主义的结合形成的‘艺术人生’，实际上是大众消费文化的发展所导致的结果，因为人们追求新的娱乐和情感体验，并以此打造与众不同的生活方式，这本身就是消费文化的核心所在。”① 在消费社会的环境之中，消费知识能够满足最为基础的一种物质上的需求，还成为一种体验新事物和建立自我认同的方式。在这种情况下，艺术不可避免地成为一种消费品。此外，对于接受美育的受众而言，他们的目标似乎并不能够全部地是为了真正实现日常生活的审美化和追求艺术人生，更多的是将其与升学、就业等联系在一起。我国每年的艺术考试热潮和各种选秀类电视节目的盛行便是明证。当美育的目标与金钱直接相关时，即使有着很大的概率会带来快速、

① 陆扬．日常生活审美化批判[M]．上海：复旦大学出版社，2012．

廉价和愉悦的效果，但它并不能完美地结合游戏、礼仪、权力和道德，也不能培养出全面自由发展的人。相反，这样的关联可能导致迷失，或者是浮躁的情绪，以及无法承受的负面效应的出现。

艺术的商业化使得美育不可阻挡地走向商业化的道路，美育在传授美学知识、美的感受和表现方式外，也不可避免地加入了迎合商业化趋势的内容，美育理论的发展也必然受到商业化趋势的影响。

第二章　高校美育概述

研究高校美育实践创新的前提是对高校美育进行深入的了解与分析。本章为高校美育概述，主要介绍了高校美育的概念与内容、高校美育的特征与功能、高校美育的方法与原则、高校美育与学科教育的联系等内容。

第一节　高校美育的概念与内容

一、高校美育的概念

高校美育主要指在高校进行的艺术美系列教育和校园艺术活动，其内容涉及美育中的音乐、美术、影视、戏剧、舞蹈、书法、戏曲等，是培养大学生具有正确的审美观和感受美、鉴赏美、创造美的能力的教育。

高校美育可以使大学生具有美的理想、美的情操、美的品格、美的素养。高校美育不仅仅是对本、专科生进行审美教育以及在学校开展与美育相关的校园文化活动，还应扩展为对高校校园所有师生的审美教育与美育继续教育，因为高校美育是大学人文教育的重要组成部分，因此，只有大学生普遍地接受了审美教育，其人文精神才会由美育这根“支柱”而构建得更加全面、更加健康、更加和谐，从而以富有特色、富有激情的大学人文精神推进教学、科研等更上台阶，更好地服务于社会发展。

高校美育是教育境界化发展的必要需求。在现代社会中，美育已超越了传统的艺术教育和情感教育的范畴，成为一个多元综合结构的领域。它包含了对自然美和人类的一个内在本质性质上的教育，以及在品德教育、智力教育和体育教育中培养美感和审美能力方面的教育。高校学生美育的培养的主要途径是借助一些美的形象，进而让他们的感官和心灵形成一种潜移默化的影响，以培养和熏陶他们的情感。以上所提到的这种影响和作用是不能够利用纯理性的教育和行为训练来进行达到的。所以说，美育可以融入德育，成为心灵的花朵；融入智育，展现出灵巧之美；融入体育，展现出健壮之美。

高校美育的目的在于塑造完善的人格。第一，大学时期是学生形成世界观和人生观的非常重要的一个时期，同时也是个人的审美意识进行形成和发展的一个非常重要的阶段。第二，在合适的时间对学生进行美育教育拥有着关键的、终身意义上的一个影响。高校美育可以让学生从内心愿意去接受美的熏陶，并去学习一些科学知识，感受美德的教育，进而不再受到一些不好的思想或者精神对自身进行侵染，以保持个人的尊严，不断去完善自身的人格。这样的高尚人格就能够在非常重要的时候体现出一种超越生死、无私奉献的高尚行为，不计较个人的得与失，甚至愿意舍生取义。

二、高校美育的教育内容

本书旨在构建以大学生人格养成为核心的审美教育内容。这些内容从人的审美心理结构的基本规律进行，重点关注审美认知教育、审美理想教育和审美实践教育等方面的内容设计与实施。

（一）审美认知教育

对于理解审美认知教育的基本含义，首先需要明确以下几个基本概念。认知是心理学家用来描述人类认识能力的概念，不仅包含一些动态的信息加工过程（认识），同时还包含着一些静态的知识结构（知识）。在对认知的理解上，学者们存在一些差异，其中具有代表性的观点如下。陈菊先认为，认知（知识）的发展本质上是结构的发展，是结构逐渐扩展和不断上升的建构过程。[①] 张春兴认为，认知即是认识和学习，指的是个体通过意识活动对事物进行认知和理解的心理过程。从静态的方向去看，认知可以被理解为“知识”或“信念”[②]。认知范围包含从低级的感知过程到复杂的语言和问题解决过程，它是个体知识和经验积累的基础。在认知活动中，个体获取各种认知结构或图式，这些结构不仅是构成其知识

① 陈菊先．语文教育学[M]．上海：华东师范大学出版社，1995.

② 张春兴．张氏心理学词典[M]．上海：上海辞书出版社，1992.

和经验的一部分，同时也是个体个性和差异性发展的基础。其次，审美一词源于古希腊，最初的含义是感性的。18 世纪德国哲学家鲍姆加登提出了审美作为美学的概念。有关审美的内涵，学术界有着一些不同观点。李泽厚觉得审美是人性总结构中涉及人性情感的一种子结构。[①] 周燕觉得，审美是同现实不存在功利关系的一种与之有关的体验，能够让人们在感性直观中感受精神上的愉悦和快感。然而，这些观点都可以归结为审美作为一种情感和认知活动。[②] 审美认知指的是在自己已经拥有了对于审美的一种认知，并在此基础之上，再对审美情境中与审美主体这两者产出的审美关系的客体进行欣赏和认知的过程。这包括感知、判断、推测和评价等审美心理活动，并不会只是局限于在当中的某一个过程里面。

总的来说，审美认知教育是在教授人们如何在审美活动中进行认知和接受的过程，也就是学习如何处理美的信息，包括输入、编码等这些加工活动。审美认知教育能够培养受教育者形成审美心理认知结构，这从审美心理学的角度可得到验证。该结构是审美活动中个人所形成的，对未来的审美活动具有显著的指导作用。在审美教育中，我们主要学习了解审美理论知识，加工和处理审美信息，控制和把握审美活动的心理机制。在进行审美活动时，审美认知教育是个体不可缺少的部分。它涉及个体处理和运用审美信息的内在心理活动，在培养正确的审美感知和审美意识方面起到至关重要的作用。在实施具体的教育过程中，本书主张在原有的审美教育活动基础之上，应重视以下几个方面内容的规划和推行。

第一，应当注重建立系列性和层次性的审美基础知识教育。目前，高校的审美教育课程和活动主要侧重于艺术教育领域，并且大部分教育内容着重于培养和提升专业类审美技能，而缺乏超越以智育为主要评价标准的基本思维方式。通常情况下，在高校中，涉及审美为主题的课程通常分为两类：作为艺术专业基础的必修课程和非艺术专业的选修课程。实际上，审美教育的内容和艺术教育与美学教育是有着一定的区别的。审美教育不只是要对灌输和解释美学基本的这些理论进行注重，还要将美学原理与日常审美鉴赏相结合，形成多种类型和多层次的教学内容，以普及审美教育的基本理论，来进一步提升学生审美素养。首先，我们通过教授相关知识，让学生对美的本质和审美的概念有所了解，以及明确为何要

---

① 李泽厚．美学三书[M]．合肥：安徽文艺出版社，1999.

② 周燕．审美与启蒙的双重变奏[D]．金华：浙江师范大学，2004.

进行审美、如何进行审美等一系列基本问题，从而为他们在日常审美鉴赏中提供指导。此外，我们应当通过具体的艺术欣赏、接触各种艺术形式，并在日常生活中进行审美批判，来进行审美的生活感知。这包括对绘画、雕塑等不同艺术形式的审美特点进行综合了解。其次，我们应将审美教育融入其他多门学科的教育的活动过程中去，全面提升自然美、社会美等审美对象的教育内容，进而将教育内容统一到人格的审美培养中。

第二，我们应当重视对悲剧、喜剧、丑和荒诞等，这些审美形式的辨别的能力。随着后现代主义时代的到来，传统上的悲剧和喜剧里面所追求的“崇高”和“优美”的审美倾向已不再是大学生们唯一的美学视野。在大众文化的冲击下，“丑”与“荒诞”等一些全新的审美形式越发让当代大学生感兴趣。所以说，在我们一些日常性的审美的教育过程中，辨别悲剧、喜剧、荒诞和丑等审美形式也应该成为一个非常重要的教育内容。这些不同形式的审美特征以各自独特的方式从非常多的角度来不断对大学生的感官和情感进行刺激，对他们产生影响，进而影响他们的个性发展。举例来说，悲剧通过引起人们的怜悯和恐惧情感，让人们的内心获得一些净化或者陶冶。悲剧的主人公所经历的痛苦并非是因为他们的罪恶的行为，而是因为某一种过失，又或者是某一个缺点。这使得我们对他的遭遇产生同情与怜悯之情，尤其当他是与我们非常相似的普通人时，我们会想到自己是否会因为相同的境遇而接受类似的惩罚，从而产生非常强烈的恐惧感，从心理上感觉到不安和害怕。悲剧中存在不幸和死亡，但其核心却是崇高、壮丽和英雄的。主人公坚毅不屈的品质以及激烈而悲壮的命运引发了人们对他的崇敬之情，激发了人们奋进的决心。在崇高与悲剧的精神感召下，人们的心胸就会变得非常开阔，摆脱了那些处于低级或者那些非常庸俗的趣味，从而改善了他们的生活质量。

相对于悲剧，喜剧给人们带来了不一样的一种审美感受，通常带来轻松感和愉悦感。喜剧常常通过制造紧张氛围，然后在不让主角付出代价的前提下解除紧张，先是惊喜后是喜悦。这种情节的发展引发了知觉上的想象和理解上的顿悟，情感迅速而敏锐地运动，其中并不会让心里感受到难受。在喜剧的环境下，人们感到压力可以得到缓解，情绪也能够释放，缓和自己的一个心理状况，让自己的精神世界有一个休息的片刻。对于那些常常处于紧张状态的部分人们来讲的话，喜剧提供了一种极好的心理平衡。欣赏喜剧应该有着非常清醒和非常理智的一种审美的观念，敏锐地察觉其中不协调的喜剧元素，领悟其中的喜剧意义，并反思人类社会自身，以及所带有的丑陋、缺陷和弱点。通过发现其中的反常和不协调的地方，喜剧观众就会不断锻炼并且不断提高他们的机智敏锐的观察力以及审美判断力，从而实现对自身的和现实的一些超越。喜剧教育有助于培养人们幽默的审美心态和一种乐观的为人处世的态度。幽默的乐观精神使人们能够在面对一些让人感到尴尬的境遇和失误时，以微笑对待它们。在生活的波折面前，他们能够泰然处之，清醒并且非常坦然地超越当前的一些矛盾的地方或者一些不足的地方。

丑陋本来是原始人类宗教活动中的一部分，它表现了面对神秘世界的时候产生的一种恐惧情感，而这种恐惧是源于人类在原始阶段对自身存在的模糊认知，并且自我意识并未完全进行觉醒的这样一种状态。丑陋的形象看起来令人不悦，违反了我们对秩序与和谐的喜好，所以说引起了厌恶的情绪。荒诞指的是人类在实践活动中，由于对现实的认知受到极大限制而导致行为的盲目性，其本质被扭曲和异化，进而失去了一切价值，呈现出非理性和异化的审美形态。

现代派戏剧《等待戈多》是一部将丑陋和荒诞元素融合在一起的戏剧作品。该剧的唯一主人公戈多以滑稽可笑的方式徒劳地等待着，呈现了人们在悲惨无奈的生存环境中的处境。这个角色既令人发笑，又引人深思，使观众在对主人公命运的同情和对他所处境遇的愤慨之间，自然而然联想到自己所在的一个处境，并从中寻找到能够改变现实的途径。在这部戏剧中，荒诞感所引发的笑声并非快乐、乐观或希望的笑声，而是一种无奈、苦涩的一种笑声。丑陋和荒诞往往蕴含着深刻的意义，荒诞艺术能够唤起人们对于麻木、平庸生活的突然的觉醒，深刻察觉出生存环境之中的荒谬之处。它通过非常规的人物形象来展现人的尊严和丧失的价值，实现了对于“作为人而成为人”这一价值追求的要求。通过对于丑陋和荒诞的感知，人们产生了摆脱丑陋和荒诞的相关想法，受到崇尚美丽的审美理念的引导，他们融入审美创造实践之中，以自己的行动创造一个非常完美的世界。

第三，是要加强对民族传统文化的美学引导。根据荣格的集体无意识理论，不一样的民族与国家之间其文化心理也是不一样的，也就是说，它们人格特质具有差异性。有五千年历史的中华民族，其卓越的传统文化博大精深、源远流长，代表了社会美和人性美的重要元素。在人类历史上，曾经存在过四大古代文明，分别是古印度文明、古埃及文明、古巴比伦文明和古中国文明。别的一些文明曾经中断过，有些几乎消失了，唯独中华文明从未中断过。这说明中华民族的传统文化非常合理，具有深厚的底蕴和强大的生命力。中国优秀的传统文化是中华民族在世界民族中屹立不倒的基石，它是中华民族劳动人民道德智慧的结晶，是中华民族的巨大财富与不竭的精神动力，是无数中华儿女坚定的信念支撑。

培养人的品格需要考虑其本质和历史传承，因此审美教育应该融入优秀的民族文化元素。换句话说，当拥有了非常鲜明的审美教育才能真正具有意义，而那些传承了中华优秀传统文化的审美教育，也就更加深刻地拥有审美价值。近年来，国家对民族传统文化的重要性认识逐渐加深，已经对民族传统文化的巨大价值开始深入地挖掘。部分拥有着深厚爱国情感的学者们都非常自觉把弘扬传统民族文化视为自己的责任，例如于丹的《论语心得》和《庄子心得》等作品很好地实现了《论语》和《庄子》在大众中的传播。

近年来，国学的流行显示了人们对传统文化的追求与回归。一些学者总结了中华民族传统的八大社会主义核心价值观，包括强调道德教化中的德为先的这种精神；注重国家整体利益的国为本精神；推崇行善治国、重视民众的民为重精神；倡导志向高远和气节的人格精神；强调和谐共处和团结互助的和为贵精神；注重自律和正直的修身精神；重视诚实和信用的诚信精神；强调尊重礼仪、勤俭节约的节俭精神。这表明中华民族拥有宝贵的思想精神财富，肯定了中国传统文化在教育价值方面的重要性，并且提倡传承和弘扬优秀的文化传统，这是大学生理想人格教育的重要组成部分。

（二）审美情感教育

从概念角度讲，审美情感指审美主体对美的种种意识形态及其内在心理表现的感情表达，审美情感教育主要有审美关爱教育、审美理想教育以及审美修养教育。就审美活动而言，审美情感是由主体审美实践产生并指导和调节其审美实践活动的。审美教育活动要重视以下几个教育内容。

1. 审美关爱教育

通常情况下，人们的基本需求大体分为物质与精神两个方面。审美情感是人们通过审美活动而有意识地习得的一种内在心理感受，审美关爱教育不同于普通审美认知教育，不直接和实用功利目的挂钩，关注个性本身和审美情感之间的内在一致性。在审美关爱教育方面，最主要的就是要教当代大学生懂得爱、懂得诚，构建中国传统文化独有的“仁”性。

在相当长一段时间内，受多种社会思潮冲击，加之高等教育改革所带来的某些矛盾还没有化解，在当代大学生个性发展进程中，对实用性、功利性等方面的追求已被一部分学生所认同为价值。而且在我们目前的教育内容中，关心、诚心的教育常常被人们忽视。受家庭和学校对学生缺乏关怀和真诚教育的影响，他们在日常行为中对审美情感关注不够，未能养成关心他人和真诚这种重要审美情感。纵观部分高校审美教育情况，青年大学生审美情感的培养并非难事，关键是高校美育开发与构建。目前许多高校都提倡并举办志愿服务，比如经常性的敬老助残，社区服务，爱心募捐，等等，这些志愿服务不仅是行之有效的德育手段，更是对当代大学生审美情感进行培育的重要途径。当然，在此基础上，高校也可通过美育课堂教育，校园文化环境熏陶和校园文化活动指导等途径来帮助大学生塑造健康人格。所以在大学生人格养成教育方面，本着审美情感陶冶与培养的宗旨，通过各种关爱教育活动让大学生学会体恤他人，关心他人，在家爱护家人，在校诚心待人，尊重教师，帮助同学，关心集体，养成高尚道德品质，良好行为习惯以及积极团队合作意识。长此下去，学生就能有意识地形成一种积极的情感体验，有一种爱的意识，知道关心周围的人和事物，对健全大学生自我人格品质有着十分重要的作用。

2. 审美理想教育

审美理想在审美意识中居最高地位。审美理想全面而集中地表现于艺术活动之中，以审美经验为基础，并对这一经验进行高度总结。审美理想是在社会实践之中生成的，人们的整个社会活动在某种意义上讲都是一个对现实不断认识，生成理想和实现理想的活动过程，人们的审美理想也是在这一活动中生成的。作为审美经验的浓缩和升华，审美理想也不同于一般社会理想，理念，它具有经验性形象特征而不是被逻辑概念可以覆盖或取代的。然而全面地展示审美理想并将其“物质化”为一切他人所能接受，这只能是借助透视审美理想这面“棱镜”反映真实的艺术。

审美理想在人的认知活动中发挥着极为重要的引导与推动作用，对美的坚信与追寻是许多重大科学发明的基本动力。比如，哥白尼提出的令世人震惊的“日心说”，在一定程度上就是源于对科学美的追求，尤其是受毕达哥拉斯派提出的圆（球体）是最美的图形、宇宙是球体等美学思想的影响。这种影响的有力解读者是伟大的科学家爱因斯坦，他曾经明确地指出，进行科学活动时：“这一切都建立在认为生存应具有完全协调的架构之上。今天，我们前所未有地没有任何理由允许自己不得不抛弃这一美妙的信仰。”审美理想不是一种显现的逻辑形态，它是隐藏在审美主体内心深处的一种审美经验与艺术直觉。康德把审美理想看作审美主体先验的条件，它给审美活动提供了准则与条件，构成了审美活动产生的一个重要前提，也构成了审美活动得以进行的根据与先决条件。所以，由于审美认知把审美理想作为一种不变的认知标准与尺度，审美理想在认识活动中同样起着举足轻重的作用。所以，确立正确而积极的审美理想对当代大学生人格养成具有极为重要的影响，这就使得认知活动直指理想人格并在理想人格所提供的准则与条件前提下构建大学生人格。

3. 审美修养教育

修养一般指个体的自我锻炼、自我培养，以及在此基础上形成的各种能力和品质。审美修养教育是在审美教育中有意识地促进受教育者审美心理结构的自我完善和发展，也就是实现审美他育到审美自育的转变。从这个意义上讲，审美修养教育是审美教育的一个极为重要的目标。在我国，审美修养教育有着深厚的文化基础和现实意义，我国古代很多美学思想家从不同方面阐述了以审美教育的理念作导引来构建个人多方面修养的重要作用。比如，孔子曾提出“修己以教人”“修己以安人”“修己以安百姓”“文质彬彬，然后君子”① 等重要思想，把内在修养与外在举止的统一作为理想的人格的基本特征。又如，蔡元培先生的“以美育代宗教”② 思想，高尔基提出的“美学是未来的伦理学”③ 等，都是对审美修养教育的强调。

在对学生进行审美情感教育时，我们应该引导他们重视自身自我形象修养和内在气质修养等，这样才有助于他们慢慢地认同审美修养的正确标准，并且有意识地按照这个标准去要求他们，渐渐地拥有个性的审美影响力。作为审美修养，这种教育不同于德育，因为德育不是靠强制手段和重复灌输给学生建立一定的标

① 徐平作，刘强译．论语 [M]. 长沙：岳麓书社，2020.

② 蔡元培．美育与人生：蔡元培美学文选 [M]. 济南：山东文艺出版社，2019.

③ 乔山．文艺伦理学初探 [M]. 北京：高等教育出版社，1997.

准，而是要尊重学生个性特征，重视强调气氛的陶冶和影响，指导学生对自我修养的主动性，用美的标准促进学生发自内心地积极提高个人修养，让自己的变化通过气质魅力不断展现，让每个人都能充分尊重自己。

终极意义上的审美情感教育应有助于实现人与人之间的和谐境界，促进人持续地、主动地追求并最终表现为人对人性的重拾。古希腊的克吕西普说：“人体的美就是构成相互间关系以及对整体关系的各部分之间的对称，而心灵的美则是精神以其对整体关系和相互关系的各种因素的对称。”

（三）审美实践教育

社会美在审美实践中具有十分重要的意义。通常情况下，人的生命首先表现为一种天然的生命力，而生活的存在和活动又使人们产生了天然的需求和愿望。

但在人类长期的进化过程当中，人类感性生命不断被社会实践的理性所规约，社会文化内容逐渐积累，这就使得人类感性生命获得了全新的意义。可以这样认为，现实中人们的感性能力应是作为一个社会人所具有的，也就是渗透了认知力、理解力和判断力这些理性要素。

美育就是用审美形式把人们感性因素解放出来，让其获得恰当的释放与文化提升，进而实现对深层心理活动非理性因素的刺激，让其永葆生机。在美育实践中，应重视感性发展中的这两层含义，不仅要满足他们的基本感性需要，而且还要以此为基础，让他们的感性能力不断提高。满足感性需要是促进学生感性能力发展的根本，而感性能力发展的同时也将进一步让学生得到较高程度的感性满足，两个层面相互渗透，相互促进。当前美育实践重知识技能教学而轻学生审美需要，兴趣与个性，不能满足学生感性需要，难以提升感性能力。由于高校美育不能满足学生的需求，他们很自然地将目光转向了校外，更多地被大众美育感染。由于学生感性能力不足，很难抗拒大众美育中某些消极因素，他们会渐渐地沉迷于感性世界之中，过分地强调个体主观情感的宣泄，寻求纯粹感官上的刺激，进而丧失本来对于自然、艺术以及人生等方面理性的思考和掌握。

美育实践把培养学生感性能力作为第一位的任务，所以在教育的过程中要尊重并发展他们的人格，同时还要有直观审美形式作为支撑。这是由于感性寓于人格中，无人格亦无感性，富有意蕴的直观形式可以为人类感性因素的自由表达提供契机，实际上亦使感性获得充分展开的权利与条件。因此，本书认为在美育实践中要推动感性发展，应做到如下三个方面。

第一、尊重并发展人格。不离开感性即不离开现实生活与历史具体个人，这一点是美育的重要内容。由于感性存在于人格中，对感性的尊重意味着对学生人格的尊重和对学生人格的培养，所以说美育是感性教育中最根本也是至关重要的目的。一般地说，严格尊重人格，构建人格和加强人格本体意义教育首推审美教育。德育虽然也倡导个性化教育，但任何一位严格意义上的教育学者必须承认德育是本体性是确立某种共同道德伦理规范的过程，德育“个性”仅有方法论意义。智育过程中个体对于世界种种好奇探索的目光根本上得到了一定程度的尊重与维护，但无论用什么个性化方式去把握世界，这些经验终究还是要趋近、接近并划归到某种真理性知识之中。审美作为一种感性活动，不仅是审美对象层面上要求它是一种单个的、具体的、鲜明的存在，而且在审美主体层面上还竭力崇尚人格的视野、人格的情感、人格的经验以及人格的直觉和洞察力。审美不只是对个性的企盼，更重要的是对个性的创造和产生，离开了个性就谈不上审美和审美教育。

第二，尊重学生的感性需要，提高他们的感性机能。人类的感性机能以感觉、知觉、情感和想象为主，这些机能对审美和艺术活动起着决定性的影响。人类的感性机能包括感官层面和情感体验层面两个方面，这一感性机能是以感觉为中心，而不仅仅是感觉。这是因为感性是一个贯通着肉体与精神个体性的概念，涉及生理与心理两方面。感性教育固然将完善心理机能当作主要任务，但是也不能忽视完善生理机能。人的一切活动都要以一定的生理机能为基础，在审美、艺术活动中也是如此。因此，在人的审美和艺术活动中，要重视学生的感性需要，关注作为感性活动基础的生理机能，对个体的人格、人性进行整体性观照。

第三，用直观审美创造来感化学生观念意识、塑造好审美趣味与审美观念。感性教育的重点是对客体内蕴的掌握，而非对逻辑结论的旨归，是对客体充满生机和活力的正视和领悟认识。然而，在智育统领一切的教育传统下，人们往往习惯了以概念、推理等形式来认识世界，容易忽略通过实践、体验等直观形式来把握世界。其实，直观形式得到的观念意识往往比概念形式中的观念意识更丰富，而且能对人的心灵产生更加深入细致的影响。尤其是在人们几乎单一地以理性来认识世界的情况下，我们更需要发展人类的感性，更需要发挥直观的作用。正是从这个意义上而言，我们说美育是一种感性教育。

第二节 高校美育的特征与功能

一、高校美育的特征

（一）高校美育的形象性

高校美育以形象为物质手段，它是通过审美对象的鲜明生动的形象来感染和教育高校学生的。

1. 形象性的基本内涵

形象性作为高校美育的基本特征。主要是指审美教育是一种形象的教育，它所使用的手段，不是抽象的概念、逻辑的演绎、道德的说教，而是具体可感、鲜明生动的形象。高校美育主要是借助生动的、美好的事物在视觉、听觉、触觉、嗅觉等情感传输器官产生审美心理的变化，以提升学生的审美情趣，树立审美情感。将真、善这些道德知识体系融入美的形象之中。因此高校美育主要不是用概念、判断、推理的逻辑形式去引导教育对象的，而是用美的形象展示，来引导学生感受美、欣赏美、理解美和创造美，从而达到建设完美的审美心理的目的。

2. 高校美育以形象为手段

不过高校美育的特征决定了高校美育是以形象为手段的。在确保审美对象的特点和审美特征的基础上实现感性的和理性的形象的审美体验。具体而言，无论是艺术美、还是社会美，这些形象都是以审美对象的特征，以及表现的形象为基础的。黑格尔指出："美只能在形象中见出。"①车尔尼雪夫斯基也强调指出："形象在美的领域中占着统治地位，如果没有形象性，也就没有审美对象，也就没有美育。"②

自然美的形象是美育的重要手段。在运用美的自然景物进行教育时，自然美总是在具体性感的、生动鲜明的形象中显现出来。例如，西湖之美，并不是抽象的观念，如果抽象地谈论西湖，决不会引起人们的美感，然而，当受教育者亲临西湖，可以斜倚在花岗的曲栏旁，俯瞰池中红鱼啜浪；可以小憩于繁阴秀木之下，

---

① 易健．人的诗化与自然人化[M]．海口：南方出版社，2000.

② 仇春霖．美育原理[M]．北京：中国青年出版社，1988.

欣赏那莺啼碧波；或步入通幽曲径，于暮霭沉沉中静听那回荡群山的晚钟。还可以随着季节晴雨的变化，观赏西湖浓妆淡抹、妩媚动人的风姿。春夏风和日丽之时，碧波千顷，涟漪不惊，红日朗照，波光粼粼，具有一种浓艳华丽的美，而秋季是阴雨连绵之时，山峦起伏，一抹浅黛、雨帘重裹、影影绰绰，又有一种淡雅素净的美。再加上亭桥楼榭，柿风梅月，露荷霜枫的点缀渲染，更使西湖恍若仙境一般。见到西湖这些千姿百态、情趣各异的动人形象，人们自然会沉浸在美的享受之中，感受到西湖之美、祖国河山之美，一种热爱美好生活、建设美好生活的崇高感情便会油然而生。

不仅自然美如此，社会美也是以具体的形象来感染人、教育人的。20 世纪 50 年代的共产主义战士雷锋的精神美，是通过他的言行所构成的崇高形象表现出来的。正是因为雷锋自己活着，就是为了使别人过得更美好，对待同志像春天般的温暖，对待工作像夏天一样的火热。对待个人主义像秋风扫落叶一样，对待敌人像严冬一样残酷无情，所以他处处给人们树立了美的形象。20 世纪 80 年代的老山前线一等功臣徐良的心灵美体现在战斗时英勇杀敌、冲锋陷阵的行动中，体现在负伤致残后奋斗不止、残有所为的进取行动中。他们的精神美和心灵美不是抽象的，而是活生生地、具体地体现出来的，因而能感动千百万人，成为青年的风范、时代的楷模。

艺术美的形象比现实美更集中、更鲜明。艺术教育是高校美育的重要组成部分。马克思指出："艺术对象创造出懂得艺术和能够欣赏美的大众，——任何其他产品也都是这样。因此，生产不仅为主体生产对象，而且也为对象生产主体。"[①]"艺术对象"之所以能够"创造出懂得艺术和能够欣赏美的大众"，是因为艺术通过典型形象表现创造主体的感情，以唤起欣赏主体同样的感情。列夫·托尔斯泰说过："在自己心里唤起曾经一度体验过的感情，在唤起这种感情之后，用动作、线条、色彩、声音以及言词所表达的形象来传达出这种感情，使别人也能体验到这同样的感情，——这就是艺术活动。"[②]艺术作品用经过加工提炼的、具体生动的生活图画来给人以审美享受和审美教育。比如孙家钵在国家动乱时创作的木雕《屈原》，表现了作者对祖国、对人民深沉的爱，寄托了他忧国忧民的感情。这些

① 荣丹．美学漫步 [M]．成都：西南交通大学出版社，2013.

② 陈建男，田冬云，汤旭坤．艺术概论 [M]．北京：中国电影出版社，2015.

感情是通过一个从一块动乱的体积中冲出去的直线来表现的。人物两臂向下用力压着这吹起的袍子，并与上身的衣纹形成直线，一直向上冲去，直到头，用这条冲出去的直线表现屈原虽九死而不悔的那种对祖国和人民坚定的爱和正直的品格。人物下部一切动乱的体积加强他因爱、因忧、因无能为力而烦乱的心情。从这种上直下乱、上静下动的人物形象中，人们不难获得一种爱人民、爱祖国的强烈的艺术感染和审美教育。

总之，高校美育是以审美对象的感性形象施教的，在美育过程中始终离不开美的形象，而学生又总是通过对形象的感受来领悟美的内涵，接受美的教育。

在高校美育中，学生的审美感受具有直觉性，这是高校美育以形象为手段的重要特点。美是通过具体可感、生动鲜明的形象表现出来的，人们欣赏美的时候，必须从直观的形象开始，而美感是由审美对象（美的形象）诉诸审美者（受教育者）感官所引起的精神活动，因此，整个美育活动也必然在直观的形象交流中进行。

所谓美感的直觉性是指感受的直接性、直观性。审美和美育的过程始终要在形象的、具体的感受中进行。要领略桂林的山水、《诗经》的风情，不能只听他人的介绍和议论，而应当亲身去感受。审美感受的直觉性，还指人们在审美教育过程中、无须经过思考，便可以不假思索地在瞬间判断出对象美或不美。美感的直觉性使美育和道德教育、智力开发教育大不相同，道德教育、智力开发教育过程中一个伦理规范或一个数学公式，不可能一下子被学生认识，往往需要一个概念、判断、推理的过程。而美育过程中，人们都会有这样的感受，无论是远眺天际层层叠叠、蜿蜒起伏的群山，还是近看林泉幽深、苔衣斑驳的古寺；无论是仰望枝干虬盘的山巅古松，还是俯视清澈见底的池意游鱼；无论是玩赏鬼斧神工、剔透玲珑的工艺珍品，还是静观风格隽永、诗情画意的摄影作品，一种美的形象会第一时间霸占你的意识全部，使你聚精会神地欣赏它、领略它，以至于把它以外的一切事物都暂时忘却。这种感受就是形象直觉。在这里根本不需要精心的理性思考和严密的逻辑推理，而是完全凭直觉。这时如果脱离审美形象去做喋喋不休的分析、推论、倒反而会破坏学生对形象的感受。因此，高校美育不能用概念的说教去干扰形象的直觉，而是紧密结合形象，以便深化学生的审美感受。

在高校美育中，受教育者对形象的直觉像是“不涉理路，不落言筌”，是“一味妙悟”[①]，但是它并不像某些西方美学家所说的，是与理性相对立、不相容的，而是以形象直觉要渗透到学生日常积累与审美对象有关的感性经验和理性认识中为基础的。从表面看来，受教育者在接触美的形象所引入美的感受是在一刹那间完成的，其中没有什么功利和实用方面的考虑，也没有经过逻辑的推理和判断，但是这种审美直觉中，却潜藏着对事物内容、形式的本质的理解。审美直觉（形象直觉）是一种在长期的知识学习、技能训练、经验积累的基础上，理解了之后的更深刻的感觉。所以，车尔尼雪夫斯基主张：“美感认识的根源无疑是在感性认识里面，但美感认识毕竟与感性认识有本质的区别。”[②]因此，在高校美育过程中，我们应该引导学生学会在美育理论指导下，深入理解，品鉴美的形象，而不是停留在瞬间的直觉上。美的形象可以在一瞬间抓住人们的感觉，但并不会让人一味而尽，这是因为美的形象中蕴含着深刻的理性精神。

例如，在对米开朗琪罗著名的雕塑《大卫》进行鉴赏时，就得先从这一优美画面的直觉谈起，大卫粗壮健美的躯体，富有力量的膀臂和头微俯，怒目圆睁，右腿向前跨步，右手垂握石头，左手握肩甩石带的矫健姿态，顿时能给同学们以瑰丽有力的印象，然而这印象还不够清晰和安定。如能使学生了解《圣经·旧约》大卫杀敌卫国之事迹，明白米开朗琪罗对暴君的憎恨和对民主及共和的渴望，则能使学生进一步展开联想与想象，体悟到米开朗琪罗对大卫这一形象的创造，并非简单地重现《圣经》传说故事，而应是为了表达其反对封建专制制度、捍卫民主及共和等人文主义的理想，这样，学生对于大卫形象的感受就会更深切、更清楚。在高校美育中，不能仅满足于形象直觉对学生的作用，而要诱导他们进一步展开联想和想象，深入体验其中的韵味，达到新的审美理解，这样才能不断加深审美感受，积累审美经验，提高审美能力。

3. 形象性的艺术效果

高校美育是形象性的教育，它以丰富多彩而又饱含感情的形象诉诸学生的直觉，因此这种形象性的教育具有为学生喜闻乐见、易于接受的艺术效果。

美育形象性的艺术效果，早就受到人们的重视。比如在我国周代壁画已经很普遍。当时在宫廷庙堂绘制的历史故事图画，除了装饰作用，还常有政治宣传、

---

① 吴世常．美学资料集[M]．郑州：河南人民出版社，1983．

② 张妍．艺术设计与美学概论[M]．长春：吉林美术出版社，2019．

劝善戒恶的目的。所以古代画论说："画者，成教化，助人伦。"[①] 这就可以见得美育形象性的艺术效果。今天，在高校美育活动中，我们应该充分利用美育的形象性特征，科学地加强高校美育的教育效果。

目前，美育形象性的艺术效果越来越受到道德教育、智力开发教育、体育界的重视，有些已经为它们所吸收和利用，逐步形成美育对道德教育、智力开发教育、体育的渗透，使它们在某些方面也具有形象性，从而提高教学效果和教学质量，这种利用形象性的艺术效果进行教学、教育，被称为"艺术化教学""艺术化教育"。在诸种教育、教学过程中，公式、推论、说理演变为容易让人感知的形象。科学知识由抽象的符号标志而产生具体可感的形象。由于形象化的美具有最为学生喜欢和接受的艺术效果，所以在其他教育中引导学生求真向善的时候，把美育渗透其中，充分利用它的形象性，往往会取得事半功倍的效果。比如在道德教育中穿插生动有趣的故事，在智力开发教育中用形象的比喻说明某些现象，把定理、定律排成图表形式等，都会大大提高学生的学习兴趣，深化学生的理解程度。

但是，道德教育、智力开发教育、体育运用了形象性的方式，并不能使其自身变成美育，从而取消美育的独立地位。因为它们所具有的形象性的程度不一样，而且还有着不同的教育目的、任务和性质。由于高校美育是以生动可感、具体鲜明的美的形象作为物质手段，直接诉诸学生的形象的直觉，能以它独特的艺术效果感染学生。

（二）高校美育的情感性

高校美育又是一种情感教育，它是通过以情感人、以情动人的方式来达到陶冶学生、教育学生的目的。

1. 情感性的基本内涵

情感性是大学美育的另一基本特点。所谓美育的情感性，就是美育即情感教育。它用审美对象来唤起人们的审美感情，让受教育者在切身的感情体验中，对审美作出肯定或者否定的评价，以达到感情上的共鸣、感情上的熏陶、感情上的纯洁、心理上的均衡。

高校美育靠审美情感来打开受教育者心灵的大门。让学生在感动中冶情悦性

① 刘波．历代中国画技法之美[M]．北京：中央编译出版社，2020.

的。美育中的审美情感不属于智力开发教育中的情感。智力开发教育情感常表现为好奇心、求知欲等，在进行科学探索时，必须把智力开发教育情感压抑下去，作客观而清净的思考。而审美情感则不同，它直接渗入美育的全过程，使美育变成一种情感体验。审美情感也不同于道德教育中的道德情感。道德教育情感的灌输常靠抽象的理论教育，而审美情感则通过具体生动的形象来感化人的心灵。而且，道德教育情感要求立即转化为符合道德准则的现实行动，而美育中的审美情感一般并不要求立即转化为现实行动，而是通过情绪感染来达到美育的目的。高校美育中的情感渗透于丰富生动的具体形象，而且充斥着审美教育的全部过程，因此，情感性是美育区别于其他教育的重要特征。

2. 高校美育以情感人

以情感人、以情动人是高校美育的情感性特征的具体表现。高校美育之所以需要并能够以情感人，是由美的本质特点所决定的。马克思主义认为，美是人的本质力量的对象化[①]，因此，美不但具有形象性，而且由于它体现了人的本质力量，因而还具有人的情感、人的智慧和人的力量，这是高校美育能够以情感人的根本原因。

美的事物使人们直观地看到自身的本质力量，所以人们从欣赏和创造美的活动中，易于激起感情的波澜，得到精神的满足和愉悦。事物的形象并不都是具有情感性的，一个形象没有体现人的本质力量，没有蕴含着审美情感，那么即使它有着漂亮的外形，也只是毫无生气的形式，而不是美的形象。美的形象由于包含着人对自由创造的力量、对创美好生活的向往和追求，必定会使人们产生健康的、向上的、高尚的情感。

高校美育是用显现人的本质力量的美的形象作为手段的。因此，不仅是形象的，而且是充满情感的。形象性和情感性是高校美育的基本特征，两者是相互渗透、相互补充的有机整体，这一点在许多美育现象中得到确证。

米洛的断臂维纳斯，是精美绝伦的艺术珍品，动人的形象洋溢着古希腊不知名的雕塑家的深厚情感，是高校美育以情感人的优秀材料。维纳斯塑像转折有致的身姿、静穆典雅的表情，体现出人性的尊严、充满着生机和活力及对于自由和幸福的追求，所以能够激发起人们纯洁真挚的感情，这就是以情感人给人们的教

---

① 王林毅，王威沫主编．美育与审美[M]．北京：国防工业出版社，2014．

育和享受。

高校美育要以情感人，这是由美的本质特点所决定的，是因为美体现并肯定了人的本质力量，但同时它也和美的感性形式紧密联系。这是因为人的本质力量是通过美的形式表现出来的，高校美育以情感人是从对美的形象的具体感受开始的。杜波罗留波夫指出："我们的感情总是被生动的形象所引起的，而不是被一般的观念所引起的。"[①]没有生动的美的形象，以情感人就无从谈起。美的形象，让人悦目爽心。悦目是指视听觉的审美感受，而爽心则是心理的精神愉悦。视听觉的愉悦，进而赏心惬意，人们便从美的形象中获得了审美的感受、体验、领悟和理解，这是一个充满着美的享受的过程。正是在这种审美享受的过程中，教育者以情感人，以情动人，使受教育的感情受到陶冶，心理受到教育。

我国南朝梁人吴均在《与朱元思书》中曾形象而生动地描绘过富春至桐庐一带"天下独绝"的"奇山异水"，从中我们可以看到美的形象是如何让人陶醉，引起情感的变化的。"水皆缥碧，千丈见底，游鱼细石，直视无碍。急湍甚箭，猛浪若奔。夹岸高山，皆生寒树。负势竞上，互相轩邈；争高直指，千百成峰。"这种山水之美给人的视觉感受是悦目怡神。"泉水激石，泠泠作响。好鸟相鸣，嘤嘤成韵。蝉则千转不穷，猿则百叫无绝。"[②]这山水之美给人的听觉感受是悦目舒心。在这种山水美景给人的享受之中，人的心灵也会变得高尚起来。这种思想感情的变化都是由奇山异水的美好形象作用于人的心灵而带来的。

高校美育是以丰富生动的形象在以情感人的方式中进行的。这种方式有其内在的两个特点；一个是心理的自由活动；另一个是心灵的潜移默化。

人都有爱美的天性，当代大学生更有着强烈的审美需求。因此高校美育不需要灌输、强迫，也不借助于意志、毅力，它完全可以用自由的方式来满足学生的审美需求。在高校美育过程中，学生不是被动的、受支配的教育对象，而是主动积极地去获取教育的。以情感人的过程是一个自由自觉的过程，是一个激发学生的情感、思想，进行自我教育的过程。

在高校美育中，学生总是怀着强烈的情趣投入审美活动中的，总是出于内心热切的愿望而不是由于外力的强制去听音乐、看画展去，欣赏游览名胜的攻略。

① 刘鸣，常文学．文艺美学[M]．北京：中国戏剧出版社，2005．

② 郭预衡．中国历代散文精品[M]．长春：时代文艺出版社，1995．

那些令人仰慕的英雄事迹，由于闪烁着行为美、心灵美的光辉，也同样能强烈地吸引学生去观赏去学习。英雄模范人物的心灵美、品德美、情操美，同样能使学生从羁绊中超脱出来，得到一种崇高的美的熏陶。

高校美育以情感人，既能使学生自觉自愿主动热情地去寻求审美教育，又能通过日积月累、在潜移默化中受到情感净化，在得到审美享受的同时，接受了审美教育。

高校美育也是如此，它以情感人、以情育人的效果，不是一朝一夕能够见到的，而要靠长期的美育实践对人们不断地进行熏陶和浸润，使学生的情感在耳濡目染和潜移默化中得到净化和升华。当然，以情感人的成果虽然要经过长期日积月累才能实现，但这并不是说我们可以消极等待、无所作为。相反，我们必须抓紧时间，采取多种多样的形式，科学地实施高校美育，这样才能尽快为国家的四化建设培养出全面发展的人才。

（三）高校美育的实践性

高校美育的主要过程是美的鉴赏和创造过程。在这个过程中，无论是创造美的对象，还是创造能够欣赏美的大众，都离不开人的实践活动。实践性是高校美育的基本特征。

1. 实践性的基本内涵

高校美育除了形象性、情感性，还具有实践性的本质特征。所谓美育的实践性是指美育是一种实践性教育，它自始至终都伴随着人们特别是精神的劳动创造。高校美育的过程通过欣赏和创造的方式，让学生在实践中，亲身感受、体验、领悟美的真谛，以帮助学生树立正确的审美观和崇高的审美理想，切实提高他们在生活实际中欣赏美创造美的能力。

高校美育之所以具有实践性的特征，从根本上说，是因为美是在实践中创造的，美感也是人们在实践中获得的。离开了人的实践，就没有美和美育。高校美育的全部活动必须在实践中进行，在实践中完成。

美的本质是人的本质力量的对象化，人类正是通过生产实践、艺术实践和社会实践等各种实践活动，使人的本质力量在对象中实现出来，从而使自然的对象成为人的对象、美的对象。

美感是人对自身本质力量的观照，它也是在人的社会实践中形成的。人通过实践创造了美，又在实践中从自己所创造的审美王国里，直接地观照和肯定自身的本质力量，于是获得了美感。

美的存在，美感的获得，是美育的必要条件，美和美感的实践性必然带来了美育的实践性。高校美育要提高学生的审美能力，培养学生的健康、高尚的审美趣味和崇高的审美理想，如果离开了社会实践是无法实现的。

在其他教育中，可以利用逻辑的推理、语言的阐述，使学生获得新的知识。比如某一历史时代的社会状况，今人已不能再经过亲身实践来认识，但是通过他人的叙述、分析，却可以了解；学生对某一物理公式的掌握，不一定非亲手去检验，有时用数学推导也可以得到证明。高校美育就不同了，虽然需要美育理论的指导，但它并不仅仅是美育知识的传授，主要应该培养提高学生的审美创造力。高校美育也不仅仅以形象诉诸理智，使学生从理论上认识美，更重要的是诉诸实践，使学生通过对美的欣赏，在情感上受到感染。况且，美育欣赏和情感体验是一种模糊的创造性的精神活动，其中的某些感觉往往是只可意会而难以言传，它要靠学生在实践中亲身感受、体验和领悟。因此，高校美育必须注重实践，特别是让学生亲眼看、亲耳听、亲手做、亲身地体验和理解。实践性是高校美育区别于其他教育的又一个显著特征。

2. 高校美育实践性的存在方式

高校美育实践性有两种基本的存在方式。一种是静态欣赏的方式，另一种是动态创造的方式。所谓静态欣赏的方式，是指学生运用对审美对象的静观、欣赏等心理活动方式，通过对自然美、社会美和艺术美的直观，触发起联想、想象、理解等心理活动，使学生沉醉于美的享受之中，得到美的熏陶和感染。相对地说，这种心理活动是一种静态的实践活动。所谓动态创造的方式，是指在美的创造实践中，通过创作、操作活动，获得亲身体验和享受。由于它通常要借助于学生的劳动创造，所以我们说它是一种动态的实践活动。过去有些美学教育家片面理解美育的实践性特点，只把美育实践限制在静态观赏上，认为静观这种"阿波罗式的凝神观照"是人类活动的最高方式，是人生最高幸福。[1] 实际上比起静态观赏来，动态创作是一种更重要的美育实践。受教育者在亲身创造美的活动中，能更强烈地感受美、体验美，因而也就更加深刻地理解美、把握美。

① 丁枫，李长庆，孙占国．马克思主义审美观[M]．长春：吉林人民出版社，1984．

高校美育无论是运用现实美还是艺术美进行实践活动，都要把上述两种美育方式运用到美育实践中去。

现实美的欣赏和创造是实施高校美育的重要的实践方式。现实美分为自然美和社会美。学生对于美的热爱往往是从欣赏大自然开始的。要使自然美的实践方式取得良好的教育效果，教育者必须运用科学的方法对学生加强指导。首先，要因时制宜。“春山淡冶而如笑，夏山苍翠而如滴，秋山明净而如妆，冬山惨淡而如睡。”[①] 四时之景不同，审美情趣也各异。由此可以引导学生“春游芳草地，夏赏绿荷池，秋饮黄花酒，冬吟白雪诗”[②]。根据时节的变化，置身于情景相融之中，人的审美感受就会油然而生。其次，要因地制宜。不同自然景观有自己特殊的状貌。如泰山以雄伟著称，黄山以奇特见长，华山以险闻名。这些都需要实践去体验。

社会美的实践方式是现实美实践方式中最主要的部分，也是最令人向往的部分。常见的有专题报告、艺术讲座、实地参观等形式，还可以进一步采用访问、考察、社会调查等方式。根据社会美侧重于在感性形式中体现理性内容的特点，帮助学生学会用马克思主义的世界观和方法论去认识、分析各种社会现象，深刻把握社会美的本质和特点。可以组织他们写访问记、考察报告、调查报告、举办讲演会、报告会等。提倡评头论足，这样就能进一步提高学生的社会责任感，培养学生评美论丑的胆识，引导学生去按照自己在评论中所提出的审美理想来规范自己的言行，从自己做起，为社会增添美的光彩。

艺术美的创造是更为重要的实践方式。它的主要目的是充分发挥每个人的艺术创造的天性，在创作的自娱和娱人的过程中，得到情操修养上的教育。艺术创作是情感的表达，在表达过程中，人们的情感会趋向浓烈、得到净化，从而向高尚的境界升华。美育应该鼓励学生用艺术的手段表达健康、美好的感情。通过亲身经历的艺术创作提高自己的审美能力，要比仅仅用感觉去欣赏他人的艺术作品提高审美能力丰富和深刻得多。总之，通过各种艺术创作活动的方式，可以强化学生的审美感受能力和艺术创造能力，使学生追求高尚有益的精神生活。

艺术美欣赏和创造的方式是多层次的，也是多种类的。我们要善于根据学生的特点和具体条件来运用。比如：举办艺术节、参观艺术展览会、举行文艺知识

---

① 傅慧敏．中国古代绘画理论解读[M]．上海：上海人民美术出版社，2017.

② 陶宗仪．《南村诗集》笺注[M]．上海：上海教育出版社，2019.

竞赛和文艺演出比赛，邀请著名艺术家举行座谈会和报告会，组织各种文艺社团、建立艺术橱窗等等。

二、高校美育的功能

（一）高校美育的教育功能

1. 高校美育属于感性和理性相统一的教育

高校美育是一种感性与理性和谐统一的教育，这表现在以下五个方面。

第一，高校美育完整而和谐。它以直观形象的内容来发展人们的整体反应能力，使人们的内心获得和谐和自由，以促进人格完善。

第二，高校美育的感性和理性、形象思维和逻辑思维的融合性。它以感性事物为直观对象，实现了对其所蕴含真谛的深刻领会和整体把握，由此打开了人类创造能力的大门，为人类理性世界注入了灵性与感染力，实现了科学精神和人文精神的完美融合。

第三，用图像感化人善莫大焉。高校美育以美作为内容，用审美的形式来感染和教化人们。美的东西，是美的形象。凡是美的东西，都是用鲜明可感的具体形象展现给人。比如社会上英雄模范的人物形象、五光十色物质产品的美等；自然界山水花鸟等图像；艺术作品所创造的栩栩如生、千奇百怪的艺术形象；等等。黑格尔曾说："美只能在形象中见出。"所以，审美教育就是形象美的教育，这种形象美的教育，并不是道德说教式的，而是使学生在对美的赞叹与感受中，潜移默化地将美中所蕴含的善吸收在内，在无形之中被道德情操教育影响，使心灵得到滋润。

第四，以情感人，理出真情。审美活动属于情感活动，对于美丑的主观评价始终带着浓厚的道德性和伦理性的色彩，即审美寄理于情，这一特征在艺术欣赏类高校美育中表现得较为突出。艺术教育就是要用艺术作品中的真情实感去感动人们，让学生们在炙热的真情陶冶下，惊叹着、感动着，或喜悦着，或悲伤着。从开始到结束的感情活动，都受着感情所包含的"理"的熏陶。

第五，用情趣娱乐人、教人。美的事物具有愉悦性的特征，正如车尔尼雪夫斯基所说："美的事物在人心中所唤起的感觉，是类似我们当着亲爱的人面前时洋溢于我们心中的那种愉悦。”爱漂亮的本性使漂亮的东西对审美主体具有很强的吸引力与诱惑力。只要有美的地方，就会像磁石吸铁一样诱导人们去追求、去欣赏，因此人们所受到的审美教育都是主动的、欣悦的、甘之如饴的，没有丝毫强制性或灌输性的。学生在体验美的乐趣的同时，自觉受到美的熏陶。

2. 高校美育在全面教育中占有举足轻重的地位

高校美育作为全面发展教育中不可缺少的一项支柱，在提高人们思想道德素质、科学文化素质和身体心理素质中起着无可替代的重要作用，发挥着特有的职能。首先，高校美育对提高人们的思想道德素质起着陶冶人们感情和净化人们灵魂的作用。审美教育活动属于情感活动特别是艺术审美活动，由于艺术自身具有表现情感的审美属性，所以艺术活动属于情感活动。艺术就是这样的人类活动，一个人自觉地用某种外部的符号向他人传递他所经历的情感，同时他人被感染并经历着这种情感。这在我国古典《乐记》中也明确的记载：“乐也者，情之不可变者也。……夫乐者乐也，人情之所不能免也。”艺术是表现人情感的，艺术是令人愉快的，是表达人的情感不可缺少的。正是由于艺术美有传达情感这一美学特性，才使人在艺术审美活动中处于艺术美情感的强烈感染之中，处于喜、怒、哀、乐等美感状态之中去汲取美、感悟美。学生常常参与到艺术审美教育活动中去，情感也就不断地受到陶冶了。

高校美育自有陶冶情感之功，也伴随着净化人们灵魂的审美功能。即先动感情，再动心，对学生进行深层美感教育。《乐记》中说：“致乐以治心。”又说：“乐也者，动于内者也。”以“乐”来实现治心，艺术可以打动人心。《乐记》的讨论说明艺术美在高校美育活动中起着净化人们灵魂的作用。它先是以情动人，引起共鸣，会使你心神陶醉，然后在不知不觉中渗透于心，影响着内心世界的改变，灵魂得到了升华和净化。19 世纪匈牙利音乐教育家李斯特论述道：“音乐都能同时既表达了感情的内容，又表达了感情的强度……它可以感觉得到的渗入我们的内心，像箭一样，像朝露一样，像大气一样渗入我们的内心，充实了我们的心灵”。音乐艺术的美就是如此，语言艺术等其他艺术同样以情感打动人，继而打动人的内心。古罗马修辞学家朗吉驽斯论述文字的审美功能时说：“通过文字本身的声音的错综复杂的关系，把作者的情感传到听众心里，引起听众和作者的共鸣……使我们心迷神醉地受到文章中所写的那种崇高、庄严、雄伟以及其他一切品质的潜移默化。”

其次，高校美育对提高人们科学文化素质起着激发创造灵感和开发智力等作用。审美教育以艺术教育为根本，心理学实验证明艺术有激发人们神经兴奋和推动思维积极活动等审美功能。尤其是形象思维在受到艺术信息的刺激时，表现得更为积极，并迅速地转化为表象潜意识活动即想象活动，从而引起大脑皮质产生兴奋的感觉，这一兴奋感，伴随着想象活动逐步蔓延，并在这一意识支配的潜意识活动下大脑皮质抑制机制即第二信号系统开始活动。即是说，由美的信息激发而产生的形象思维活动推动逻辑思维随之启动，以产生创造灵感。

高校美育是发展学生想象力、理解力的一种有效手段，也是提高智力的动力因素。对科学家们来说，艺术就是刺激科学发明想象的一种动力因素。爱因斯坦是个热爱音乐的人，他所创造的相对论想象与音乐艺术的刺激有着千丝万缕的联系。对艺术家来说，艺术更像是一种得到启示的动因素。舒伯特若没有莱斯塔勃那首诗的启发，也就不可能有《小夜曲》创作的灵感和优美的旋律。对学生来说，进行艺术审美教育，可以发展和丰富想象力、理解力及创新能力，推动思维活动的发展，强化思维能力，能够使自身对所学内容的理解迅速而深刻。

3.高校美育在创新教育中具有重要的地位

加强自主创新，建设创新型国家是我党全面分析世界发展大势以及根据我国所处的历史阶段而制定的一项重要发展战略。自主创新依靠人才，人才培养依靠教育，创新人才的聚集与培养是大学创新能力的一个重要表现，是大学为社会作出的最伟大的贡献。创新精神是当代大学生应具备的基本素质之一，它会通过包括审美活动在内的多种教育活动表现出来并被培养出来，虽然不同活动的创新精神从形式到内容都存在差异，但又是相互联系着的。正因如此，重视对学生审美活动创新精神的培养会起到举足轻重的作用。

就其特殊作用而言，高校美育对于发展想象力和与此有关的审美趣味至关重要。这一能力不只是指狭义上的审美能力，它更多的是指人们的综合素养，从而既关系到人们的智力，又关系到专业化水平的高低，表现为想象、创新、创造等特点。就像牛顿在苹果落地时发现万有引力定律和瓦特在沸水顶着壶盖时发明蒸汽机一样，许多科学家也常常将自己的科学业绩归之于某些富于领悟与猜想的诗意想象。正是这一诗性想象将科学家们的创造力激发出来，使科学家们可以不拘泥于现有理论范式而有意识地提升为对诗性想象的思辨与筛选，从而超越原有理论束缚而获得新突破。由此可以看出，科学上的每次大发展，都是人类智性和悟性双重进化的结果，而绝非单一智力程度上的演变。所以，高校美育以其独特的作用，让受教育者注入一种美的创造升华，并通过所调动的感知、理解、联想、想象等审美心理来激发与开掘人的创造冲动，继而激发一种创造想象并展现创造行为。所以，用高校美育增强学生想象力必将对创新精神培养起到不可忽视的作用。

就高校美育和智力开发教育之间的关系来看，当前教育体制下的智力开发教育强调求真，并以对现成科学结论的研究为重点，其重点在于对学生理解力以及普通意义下动手能力的训练。在此背景之下，真善美相比，美更显重要，而对教师来说，育人的能力及成效本身就是在高校美育范畴内的内容。其中很重要的一个原因就是高校美育更具创造性，在培养学生创造力方面能起到独特的效果。19 世纪荷兰著名化学家范特霍夫曾对想象和科学研究之间的关系进行了研究，考察了众多科学家，他发现，卓越的科学家是富有想象力的科学家。同时我们还应清醒地认识到美育较之智力开发教育具有潜在性、间接性和不可测量性等特点，所以它往往被教育者忽略，或被视为虚无缥缈之事，或被视为单纯的消遣而听之任之。但必须清楚地认识到，美育因其形式一般丰富多彩而不是死板乏味，常常成了青年学生所喜爱的一种教育方式。因而高度重视高校美育，有意识、有步骤地建立和完善美育教育的各项体系，对于提高学生的求异思维和创造能力可以产生潜移默化的影响。

（二）高校美育的社会功能

审美的教育有巨大的社会功能。表现为可以激发爱国激情，可以使人开启智慧、追求真理，还可能使人心理健康、道德高尚、身心健美。

1. 高校美育使人激发爱国激情

古人讲，以铜为镜可以正衣冠，以古为镜可以知兴衰。高校美育的教学，从不同角度体现出文化之灿烂，山河之壮丽，人格之善恶。由此激发出爱国激情是自然而然的，这是高校美育重要的社会功能。例如，古诗古词古文的欣赏，屈原、陆游、李白、杜甫、辛弃疾一系列鲜活的历史人物历历在目。品味他们的佳作名句，感受到的是他们火热的爱国豪情；欣赏祖国的名山大川、历史文物，体验历史的悠久文化“江山如此多娇，引无数英雄竞折腰。”[①]宋代的名画《千里江山图》和近代傅抱石、关山月的国画《江山如此多娇》，都表现祖国山河是壮丽、可爱的。即使是欣赏一幅郑板桥的竹画，仍然可以感受到人格的高尚。“衙斋卧听萧萧竹，疑是民间疾苦声。些小吾曹州县吏，一枝一叶总关情。”[②]以美爱国，以文育心，以象观理，可以增强民族的自豪感，激发大学生的爱国心，培养一种对祖国对人民的深厚情感。

2. 高校美育使人追求真理，开启智慧

美育不仅可以使人爱国，还可以使人追求真理，开发智慧。因为美的事物、美的形象，反映的是客观世界的真情、真事，客观世界是怎样的，我们就应该按照它本来的面目去反映它，这就是马克思主义辩证唯物论，这也是自然科学、社会科学所要发挥的真谛。大学生培养这种世界观，审美教育是一种最好的形式。追求正义真理，甚至为真理而献身，这是任何时代都倡导的时代精神。高校美育教学训练中，形象思维不是以抽象思维为出发点的，对于人的智力潜能的开发也是显而易见的。脑科学的研究成果表明，人的大脑左半球具有抽象思维的功能，右半球具有形象思维的功能。有研究表明，人的智能潜力在于开发大脑的右半球——形象思维。有人问爱因斯坦的伟大发现时，他说过对于问题的思维，往往是形象、跳跃式的思维，然后再用逻辑的语言把其表达出来。牛津大学数学家罗杰教授是量子学的创始人，他的代表作《新思维之王》提出人的大脑中最微观的是量子，以人做比喻的话，把人缩小到量子，如同一个人在同一房间里，可以分化为数个同一人，同时做数项工作，如看书、画画、组装、扫地等，说明大脑潜能是巨大的，许多的科学家正在寻找开发大脑潜力的钥匙，许多观点认为人的潜能在于右半球。审美教育就是形象化的教育，就是直接开发大脑的右半球。审美教育就是直觉思维、顿悟思维、灵感思维及多向思维等。我国数学家苏步青教授也认为，运用形象思维，对打开思路、活跃思想是很有好处的。求真与求美也是密不可分的，是同一创造过程的两个方面。在高校美育中得到一种新的思维方式或新的思路，勇于开拓、创新，是我们社会主义建设的必然要求。

---

① 王岩．京华通览：长城文化带·长城艺文录 彩插版[M]．北京：北京出版社，2018．

② 许渊冲，许明．宋元明清诗选[M]．北京：五洲传播出版社，2018．

3. 高校美育使人心灵净化，道德高尚

美育有着使真与美结盟的功用。美也同样与善结缘。俄国的别林斯基曾说过，美和道德是亲姐妹[①]。诗歌和艺术天才的使命在于美的光芒笼罩真理，诱导思想高扬，用美激发被感动的心灵向善，使他上升到道德生活的高峰，把自我牺牲变成了享受、英雄行为变成了需要，自己什么也不要求，却在自身中能找到给予别人的东西。这说明美育对于社会具有心灵净化的功能，从美出发可以引导向善。在我国有一些艺术界的老前辈如郭兰英、新凤霞，她们都是在学艺中，先学会了做人，然后是德艺双馨。高校美育可以引导人走向道德高峰。对社会这个功能是明显的，对整个社会的功能也是非常强大的。孔子说安上治民，真善于礼。在社会和经济有了一定的发展成就之后，我们的教育部门加大了宣传力度，用高校美育占领社会阵地，以大学校园里艺术节活动等形式多方面开展美育教育，使大学生远离迷信、盲从，提高道德社会化的程度。这就是净化的作用。

第三节　高校美育的方法和原则

一、高校美育途径

（一）设置美育基础课程

美育重在“育”，“育”的过程需要基础理论的指导。因此高校要通过美育基础课程的开设传授美育基础知识，为学生开展美育活动提供知识指导，让学生掌握审美实践的技能，以便在日常学习生活中能够对客观世界和人的自身美进行亲自体验，对比鉴别真善美和假恶丑并对此进行正确评价。

（二）举办多样美育活动

美育注重实践性，在高校中组织各种美育活动，是高校进行美育的一种重要方式。诸如大学生艺术节、合唱比赛、校园歌手比赛、摄影比赛、书法比赛、绘

① 董康成，王健，刘珏．美学视域下提升高校思想政治教育教学实效性研究[M]．长春：吉林人民出版社，2016．

画比赛、舞蹈比赛等美育活动不仅可以使校园文化生活丰富而活泼，使学生们在多彩的活动中绽放自己的个性，享受优美的艺术氛围，从而使生活和学习变得绚丽多彩，而且还可以培养他们的组织能力、适应能力、交际能力以及意志品质。也可充分利用社会实践和其他各种形式，把学生组织起来，走向自然、走向社会，去感受、鉴赏大自然之美，去欣赏、理解美好事物，不断丰富他们的精神世界。

（三）进行学科美育渗透

学科美育渗透作为高校实施美育的一种重要手段，可以使学生耳濡目染、潜移默化地受到审美教育。在学科中渗透美育可从教师形象之美、才智之美和心灵之美，以及教材内容之美、形式之美、学科艺术之美、知识之美等方面来进行。教师一举一动、言行举止中表现出来的审美素养，在学生美育实施过程中起着非常重要的影响。博大的胸怀、崇高的追求、宁静的心境、高尚的情操、丰富的精神是教师审美素养之所在，而教师对于学生的熏陶与美育也多源于这种美与个性。尤其在高校教学中有相当一部分通过现场实习或者技能实训来进行，老师们应该让训练活动的方方面面变得优美起来，比如整齐划一的实训环境、整齐有序的实训工具、标准化的实训组织以及合理顺畅的实训环节。只要具备了美的技能训练的内容与形式，在技能训练的全过程中学生总是处在美的享受中，受到的审美教育毫无疑问会凌驾于空洞说教之上。当技能训练变成美时，它必然是学生喜闻乐见的一种活动。在学生技能水平逐步提高，臻于充分熟练之时，技能训练就更成了一件有意义的事情了。在这种状态下，学生不可避免地要受到美的陶冶，激发产生美的欲望。

（四）美化了校园环境

构建美好校园环境，是高校对学生进行各方面美育的一项重要内容。古人云：“入庄严殿堂而敛声，至幽雅圣境而屏息。”环境美育具有强烈的教育性、暗示性、诱导性。校园环境在学生成长过程中起着潜移默化的作用，一个和谐优美的校园环境就是默默浸润着学生灵魂的美育。优美和谐的校园环境不仅是校园的自然环境，更重要的是人文环境、融洽的师生关系、服务社会的校风、诲人不倦的教风、创新进取的学风等等，这些因素对大学生审美修养产生着潜移默化的影响，并促使大学生养成优良的素质和崇高的人格。值得关注的是在构建校园优美的自然与人文环境时，也要注重构建校园网络文化、短信文化、服饰文化、恋爱文化、消费文化这些亚文化隐形阵地。这些虽不是校园的主流文化，但在一定程度上反映了部分人群的思想行为“热点”，能够对学生的价值观念和行为取向产生很大的影响。

（五）创建美育专题网站

美育专题网站这种多媒体形式能把抽象的东西形象化、把繁杂的流程简单化、把看不见的东西显形化、把枯燥乏味的东西鲜活化，打破了时间和空间的局限，把书本中表现不出来的自然美景、艺术精品和大千世界，以音像的方式从不同的角度和方面多方位地展现出来，以直观、形象、生动的方式展现给学生，使学生在美的世界里尽情遨游。高校美育专题网站也可以根据学生特点在网上开展多种美育活动，比如组织平面设计大赛、诗歌创作大赛等，以增强网络文化的风格与学生审美趣味，增进他们对科技美的理解，丰富他们的课余生活，让网络真正成为他们趋善爱美、交流心灵、张扬个性、开拓创新的场所。设立美育专题网站虽然加大了美育的信息传送量，但也缓解了目前美育课程教学任务艰巨、美育教师人手不足的状况，这对于美育这门课的教学改革必将起到积极作用。

二、高校美育的原则

原则是人们“观察问题、处理问题的准绳，对问题的看法和处理，往往会受到立场、观点、方法的影响。原则是从自然界和人类历史中抽象出来的，只有正确反映事物的客观规律的原则才是正确的”。

教育原则源自教学实践。教学实践是教育原则得以生成的基础与土壤，是教育原则得以更新、发展与充实的唯一来源。自有教学活动开始，人们就通过教学实践，不断地摸索和讨论，逐渐地找到了使教学成功的、带规律性的东西，也意识到了造成教学失败的若干经验教训。于是一些先进的思想家、教育家将他们加以总结、提炼、概括成为理论原则指导具体的教学实践。

人身上集合了感性、理性与非理性，所以完整的教育要使人的这三个方面得以发展与提高。当前，高校部分大学生对文学艺术作品的阅读与鉴赏，无法从中体会到作家的精神情感或得到灵魂的悸动与美感的享受。可以这样认为：大学生审美能力不足的问题在某种程度上是普遍存在的，他们既不懂得什么是美的事物，又不懂得如何鉴赏美的事物，更不会表现美及创造美的事物。

而以美成人的美育中很重要的培养目标之一是使学生的审美能力、审美情趣与审美修养得到较好的培养，以使大学生的个性能够和谐发展。与一般意义上的知识、艺术和技术教育不同，以美成人之美育是一种综合性的审美素质教育，旨在培养大学生的健全人格。通过美育不仅可以培养大学生鉴赏美、创造美的本领，更重要的是能促使他们确立美的理想、培养美的品格、陶冶美的情操、塑造完美的人格。

伴随着教育改革的深化，高校美育意识越来越强，但是就当前我国高校教育现状而言，仍然不容乐观。高校美育远远没有德育、智育和体育那么完美，教育发展的现实中也出现了较为严重的教育方向不明、教育原则欠缺等现象。具体表现如下。

首先，它在一定程度上有“唯分数”的情况，即为了考试而学习，从而造成学生十分严重的厌学情绪，将科学素质培养所需的宽松环境与和谐氛围扼杀在摇篮之中。

其次，现实的高等教育多是片面地强调理性、排除感性与非理性因素的理性主义，这类理性教育主要是对大学生传授理性知识、培养理性能力，并借助于科学手段进行教育。只重理性，忽视了对学生感性发展教育，致使学生的感受力严重受损，丧失了对移数事物的兴趣与好奇，精神生活异常贫乏，甚至造成学生情感淡漠。

再次，在当前的高校教育中，美育与学生思想行为“两张皮”的现象在一定程度上是相当普遍的，教师和学生都只将美育作为一门课程，而并未将学校传授的美育观念融入自己的生活实践和社会生活中，更没有将之化为自己的价值观念。从根本上讲，是美育过程缺乏审美过程而成为单调、抽象的定理。

最后，美育过程模式化的教育还制约着学生人格的全面发展，迫使全体学生都必须接受相同的知识、相同的教学模式而没有充分考虑到学生人格的多样性。片面地以共同目标对学生群体进行美育教育，将学生的个体差异忽略在外，用同一本教材教授不同资质、不同文化教养、不同家庭背景的学生；用同一套考题来考查基础不一、水平不一、能力不一、兴趣各异的同学；使用同一把尺子来测量全体学生在学习中所出现的不同；以相同的标准来评判发展轨迹不一样的学生。不关注学生的不同需要，不让学生拥有与教学大纲、教材不同的观点，为掩盖“学”事实上的不公平性而寻求“教”这种形式的“公平性”，其结果是“因材施教”，仍是陈旧教育观念中的延续。更为严重的结果则是使学生失去自由发展权，禁锢其个性发展，扼制其别样天赋才能。受此美育，学生的灵性和锐气会逐步消磨，缺乏个性及特色，更谈不上创作。长此下去，全民族的精神境界最终会受到影响。以上问题从不同侧面反映出大学美育原则的欠缺，而这一切又以各种程度影响着大学生个性的培养和完善。

依据以美成人美育的基本取向和我国大学美育原则欠缺的实际情况，作者认为我国大学实施以美成人美育应着重把握好如下四项基本原则。

（一）乐中施教原则

美育，就是让人“乐”起来。孔子说：“知之者不如好之者，好之者不如乐之者。”人“乐在其中”之时，就会不自觉地接受教育。古罗马著名诗人兼文艺理论家贺拉斯又在《诗艺》一书中提出了“寓教于乐”这一美育原则，他指出诗歌给人们带来了快乐与裨益，同时又劝谕与启示人们。确实，美能使人的感官的愉悦得到满足，可以激发人的感情，人倾心欣赏美，从而乐于接受教育。人类审美愉悦性产生的根源不仅仅是由审美对象单纯来决定的，更有人类对于自身智慧和权力的确证。所以，受教育者在美育活动过程中往往会处于愉快的心理状态和精神状态之中，会产生浓厚的情感体验并得到巨大的审美享受。这种愉悦性，是感染人、启迪人、吸引人投入审美中的一个重要因素。

美育在乐中施教原则就是在实施美育时，依据教育目的和大学生审美特征有针对性地教学生审美，使大学生的纯生理愉悦变为渗透理性的高尚情操。这种寓教于乐、以乐促教的特点为审美教育独有。在实施美育时，应遵循以美成人、以美育人、乐中施教、以愉悦教育为主线、以形象教育为辅线等原则。

然而，现实中部分高校美育工作并没有与实际保持一致的步伐，教育有效性水平不一，内容与方法老套，常常呈现出自上而下、千篇一律讲道理的情况，将学生情感世界、年龄特征及个性差异等因素考虑在外，使学生的参与状态被动而消极，无法全身心地投入，结果易导致学生对美育工作淡漠而抵触。而在大学生人格养成中渗透愉悦性能对美育工作硬性说教的枯燥无味、抽象乏味等缺陷进行有效弥补。所以在对大学生进行人格养成教育的过程中，要注重激发他们的兴趣，调动他们的能动性，化消极影响为积极影响，并借助于美育手段使他们在生动有趣、寓意深远的活动中接受教育，常常会收到事半功倍之效。

必须做到寓愉悦性于大学生人格养成教育之中。首先，问题的提出要求教材向教育活动的过程转化，由老师的传授向活动环境转化，要有愉快和有趣味的特点，它要求编写教材既要思想深刻，又要鲜明地符合大学生的实际情况，不讲空洞的大道理。此外，美育教学追求多种形式，既可采取争论、发言、议论的形式，也可运用现代化的教学手段来捕捉大学生中的热点问题。教师在教学中应时刻重视启发与指导，在对个体进行教育的过程中发扬民主、尊重人格。其次，以美成人美育工作为大学生设计若干活动。比如，让学生赏析富有道德和国情的影视作品；文艺汇演时鼓励同学们自编自导几则反映同学们各自人生的事迹；组织一些题材积极的学生原创歌曲大赛、绘画大赛等活动，使同学们在欣赏美、创造美的过程中自我沉浸、沉醉其中，其感情经历也随之发生变化，自觉品位美，从而达到个性的饱满与升华。

简单地说，通过美育效应所产生的愉悦性能贯穿于教学活动的始终，让学生真正在教学世界中发现和创造，把学习过程变成丰富的精神享受并引导他们养成高尚健康的人格。

形象教育是美育所应遵循的又一个特质。美育家蒋孔阳教授说："美是形象，面对形象，不能单靠理性来认识，而要通过感性的形式，通过情感和想象，来体味感知。"米开朗琪罗笔下的大卫像充分地体现了一种坚韧、坚毅与公正的气质，以至于后世将其视为保家卫国之精神标志。米洛斯笔下的维纳斯雕像更以其高超的雕刻技巧、完美的艺术形象、高度的诗情画意和极大的吸引力，赋予了雕像高尚的内在精神美感。几千年来，美育就是用它的形象性给人们带来了心灵的享受，教人们如何感受山川大地之美，如何从美的丰富多彩的形式中捕捉、展示和创造新的美感，继而使性情得到熏陶。"美育的以情动人，是通过审美形象为手段来实现的"。形象性既指感性形象又指对其情感意蕴的经历和感受，而情感的引发、延续、深化和表达又脱离不了感性形象的生成和运动，把形象性渗透于美育过程之中，就能以美引善使人不知不觉地达到人格完善的境界。

显然，就大学生人格养成而言，美育作为一种形象直观教育，其具体表现是给学生以创造思维空间。它以诗情画意所引发的想象为载体，以内情与外景相融合的情调为载体，使学生思千年并视千里从而培养兴趣，激发他们的创造灵感，抓住创造机会，充实并激活其想象力，最终开发智力与发展个性。所以在进行审美教育时，可组织学生到大自然中去赏景，并通过登山，旅游，野营等方式，让他们在观赏自然景物与名胜古迹时了解与领悟自然景物，使审美兴趣得到增强；也可通过指导学生赏析历代著名艺术大师们的经典名作，去感悟、品味美之深邃、美之寓意。大自然的每一处风景、古今中外文学艺术经典名作里的一首首诗歌、一曲曲音乐、一帧帧绘画、一帧帧影视佳作都凝结了艺术家艰辛创新、孜孜求异的精神，也凝结了他们对于人性真善美的感悟与思索，这是人类留给我们的宝贵财富。将这些经典著作中的美的内容和美育的内容紧密结合起来，对促进大学生个性和谐发展，无疑具有无可替代的重要意义。

艺术和科学共同的根基在于人的想象和创造，美育是沟通想象与现实，精神与物质的一座桥梁。也正在这一意义上讲，以美成人之美育，是要使学生在接受教育的过程中如沐春风，享受美的熏陶，荡涤灵魂之尘，激发创新思维，达到人性的美与和。

（二）潜移默化原则

人格的形成并非一朝一夕之功，而是相伴终生的个人养成教育；美育的功效也并非立竿见影，要有一个漫长的培养过程。学校里没有小事，一切以育人为本，美育应该成为高校育人的一个重要组成部分，它是对高校进行全方位、全过程的教育。所以，进行美育教育不能操之过急、揠苗助长，要遵循潜移默化的原则。美术教育中的潜移默化原则，就是高校美育应无时不有、无孔不入，应让学生的观念、品性或者习惯等在教育教学和日常生活当中，不自觉地受其熏陶、受其熏染，并在不知不觉间改变。实施美育坚持潜移默化原则，包含两层意思：一是将美育渗透与贯通到整个教育过程；二是，将美育渗透和贯通到校园文化中。

1. 在整个教育过程中做到美育渗透，贯穿始终

纵观整个教育过程，大到高校布局、教育环境安排，小到教育、教学、管理、后勤、课内、课外，每一个动作都有审美的影子。包含审美设计在内的教育就是为达到教育目的、目标和教育活动而进行的教育，它促进了学生的全面发展，其中包括人格的发展和每个学生多种潜能的发挥。它既追求教育活动中学生知识和

技能的习得、体力和智力的开发以及审美情趣的增强，又需要塑造受教育者健全的人格修养过程。教育过程中对美的欣赏，令学生精神愉悦，洋溢着自由创造之乐趣，唯有这种活动才会让学生乐于参与、主动参与。美育通过情感打动人心，让青年学生在轻松愉悦的气氛中，静静地接受美的陶冶，在获得知识滋养的同时提高人格，让大学生潜移默化地形成人格，实现全面和谐发展。

高校美育不只是艺术、知识与技能教育，而是贯穿在全部教育过程中的教育理念，它反映和贯穿在所有教育过程中的各种教育艺术与方法。它融于施教者人生体验、情感创造之中，超越与提升了教育技巧。教学内容具体到高校教育中，其每项活动的过程都应精彩而富有美感，要使学生在学习各种知识的同时始终怀揣着欣赏的态度，使教学活动这项审美活动特殊化，使所有参与此项活动的人能够从其中获得美感，于无形之中丰富其人格的发展。

同时德、智、体、美、劳各个方面的教育之中都要渗透着美育的思想。在进行德育教育时，应使文体活动、艺术鉴赏、时事教育、实习实践、文明规范等多种形式，内容与过程结合得更为充分，让德育富有愉悦的趣味和魅力。就智育而言，美育与其相辅相成，科学文化知识丰富、智力优良，有利于增强学生对美的感受、对美的领悟鉴赏以及对美的表现创造，从而得到艺术修养。丰富的想象及形象思维能力能让学生的审美情趣及美感更为健康，从而在学习生活中充满乐趣，感受劳动和创造带给人的愉悦之感。在体育层面上，大学要提倡健康和健美相结合、科学和艺术相结合、运动和形体训练相结合，在体育中使自身的审美水平得到提升。体育活动重在过程之奇妙，需要互助合作之美德，健美之体态与节奏鲜明之和谐，高雅之运动，克服困难之毅力，刻苦耐劳之精神，灵活机智之品格，不甘落后之决心，这些都是个体意志、心理、情操、性格、心理品质等多方面的锤炼。还应将美育渗透到劳动技能之中，通过劳动技能训练，学生能够将所学运用到实际生活中来，获得劳动技能知识，以此为基础使自身的劳动观念与习惯得到培养。创造是一种美，它能让学生通过创造来体验劳动创造时的美与喜悦，造就美的作品与美的人生，唤起人们对美的追求欲望，产生美的理想，陶冶美的灵魂。

简言之，美育不仅应该相对独立于大学教育并且人才培养过程应发挥其学科特色，而且更应着眼于对教育的全方面、全过程进行潜移默化地培养，使其成为大学教育的一个重要组成部分，成为贯穿于高校教育、管理和服务等各个方面的一种综合性教育。

2. 做到美育向校园文化渗透和贯通

校园文化是一种特殊的社会文化，是“由校园文化教育、校园文化生活、校园文化环境、校园文化队伍、校园文化制度、校园文化政策以及校园文化组织和设施等构成的复合体，即通过学生的直接参与，在建立健全完善的文化组织的基础上，运用现有的文化设施和文化政策，开展丰富多彩的校园文化活动，从而营造一定的文化环境，倡导一定的文化观念。确立科学的思维方法，形成特有的校园精神和校园风气”。

校园文化是进行美育的重要方式，它所具有的丰富内涵、色彩鲜明的特征，在高等教育中具有的多重功能，对于帮助大学生形成完美人格具有其他教育方式无法代替的功能。首先，通过构建美好校园环境，不断丰富学生审美体验让他们始终接受美的陶冶。校园环境承载着丰富的校园文化。宽敞的教室、树木葱郁的人行道、宁静整齐的图书馆、设备齐全的实验室以及文化底蕴丰厚的人文景观和设施完善、敞亮的体育场馆等一切将令人感到赏心悦目。美好的校园环境，对于学生们的学习与活动发挥着积极作用。校园是教育和教学开展的主要阵地，也是学生们长期居住的地方。在杂乱而格调不高的校园里生活，难免让学生忧心如焚、忧虑萧条；而生活于良好校园环境下的学生，无时无刻不在接受着美、获得着美、熏陶着美。其次，我们要以校园文化的审美性来推动大学生对崇高人格的追求。校园文化的审美性在春风化雨中悄无声息地推动着大学生对高尚人格的追求。我们应积极创建并提倡崇尚科学、求实创新、团结友爱、健康向上的校园文化，让学生在这一气氛中直觉体验并感悟，将美融合在心灵之中。积极对先进模范人物及集体事迹进行宣传，将其激励人教育人的功能发挥出来。它以优良的校园风范、校园环境来适应教学、科研、生活等各方面的要求，熏陶大学生思想情操、净化大学生的灵魂。

（三）因材施教原则

美归根到底就是人们的主观感受，而审美则具有主体性。不同审美个体基于不同生理与心理机构所形成的审美需要、审美能力与审美价值取向是不一样的，每一个人对于美的认识与理解也是不一样的。所以在进行美育时，应尊重这一基本规律并因材施教。美育中因材施教原则，就是在实施美育时，针对大学生的能力、性格和志趣的具体情况，实施不同程度的教育，使其个性得到自由和谐发展。

尊重大学生的审美个性倾向，对促进个体完整人格建构至关重要。在教育学视野下，因材施教这一原则显示出对大学生主体地位的全面尊重和对个体身心智能差异的科学对待，并为学生后续成长留有一定余地。从教育教学角度看，它是从学生的实际情况出发，根据学生的不同特点区别对待、有目的、有针对性地开展教育，根据不同的方式、条件、方法使教育教学效果达到最佳。因材施教原则是教育教学过程中学生身心发展规律的体现，也是遵循大学生个性发展规律的一项根本原则。对以美成人实施美育，可从如下几个方面实施因材施教。

1. 精准定位，立足现实美育

在向学生实施美育之前，我们必须先认识学生，知道学生在哪方面更有特长、哪方面还有差距，准确定位学生审美认知水平，切实让每一个学生都有“脉”。帮助大学生了解自身审美情况和自身优势，以激发大学生的学习热情，帮助大学生成功建立的自信心。

2. 设计方案、根据学生个性特征

针对学生的个性特点，设计最佳方案，使其个性得到充分的发展。美育过程中需要教育者充分认识到学生的总体知识水平、接受能力和每一个学生的兴趣爱好及身体状况，从而在实践中分别为具有不同个性特点的学生设计出最佳的发展方案，取其所长、避其短处，有的放矢地实施美育。

3. 因材施教，正确把握学生个体差异

高校实施美育应正确地处理学生个别差异和激发学习兴趣。在以美成人美育中要充分尊重大学生们的需求、兴趣以及各个方面的天赋，让他们在接受美育时，能够发现他们所喜欢和擅长的地方，并且在这个地方不断向纵深发展。这个过程中需要教育者穷尽自己的全部知识，尽可能多地抓住学生感兴趣的东西，不失时机地对其加以引导和激励，从而增强其自信心，调动其增强自我美育的主动性。“只有能够激发学生去进行自我教育的教育，才是真正的教育”。就美育而言，我们只有认真贯彻落实因材施教这一原则，才能够切实培养学生对美的兴趣、提升其审美能力、促进其个性和谐发展，进而构建出和谐人格。

（四）循序渐进原则

美育的循序渐进原则，就是在对大学生人格形成的审美教育过程中要按照大学生认知发展的先后顺序由浅入深、从易到难、从低级到高级循序渐进地实施。

从认识规律上看，人在认识事物时总是从感性走向理性，由外而内，由此及彼，学生在学习过程中亦然。美育循序渐进原则，是要求按从近及远、从简单到复杂这一认识规律安排教学。大学生从中学阶段学完以后进入大学中学习，从人生中的一个时期步入另一个时期。这一阶段学生普遍缺乏经验，其心理、观念和行为正处于由发展到逐步成熟的时期，其审美观或对或错、或高或低、或健康或畸形，不健康的审美观常常使人忽视美、扭曲美，甚至以丑代美，极大地影响了学生生理和心理的正常发展。所以在审美教育中要先对大学生进行自然美、艺术美、社会美的欣赏能力训练，待他们形成了某种崇高而健康的审美情趣之后，才能培养他们的审美想象与艺术创造能力，并最终让他们建构崇高而完整的人格。这一过程就是循序渐进地训练。

1. 帮助学生养成正确的审美态度

通俗地讲，审美态度是人在审美活动中所表现出来的审美观。正确的审美态度就是要用美的眼光去理解世界、用美的观点去剖析世界，在美的鉴赏中获得名利和物欲上的超脱，在怡然自得的心境中获得精神世界上的洒脱和沉醉。正确的审美态度能使大学生形成乐观的世界观、人生观、价值观，并善于在生活中发现美，用美的体验去解决问题和冲突，而不是瞻前顾后患得患失。正确审视前进道路上的艰难险阻，不被困难轻易摧垮、击倒，要善于消除来自各方面的竞争压力，将其化为无穷的动力愉快地学习、轻松地工作和生活。

2. 帮助学生提高审美欣赏和判断能力

所谓审美欣赏与判断能力，就是人在审美活动过程中对美的发现、感受、判断与鉴赏的本领，有助于大学生正确辨别美与丑、善与恶，是大学生扬弃邪丑恶、高扬真与善、按美创造世界的前提。审美能力应从两方面着手：一是抓住知识传授环节，抢占课堂教学阵地，通过美学基础知识教学，让大学生掌握美学基本常识与美学理论，认识美的本质与特征、美的内容与美的形式，让大学生的美学修养得到初步的提升，在此基础上使判断审美的标准正确化，对审美活动起理论指导作用。二是要将审美教育大量运用到实践中来，让学生通过课外、校外多姿多彩的艺术实践及具体可感的审美体验，到优美的大自然与广阔的社会天地里去真实地学习美、认识美、感受美和鉴赏美，并在美的熏陶中升华情感、提高审美能力，使人格逐渐向完美靠拢。

3. 培养学生的审美创造能力

建构完美人格的一个重要目的是发挥人们的创造性。审美创造能力就是人在审美实践中根据美的规律和美的原则独立地创造出美的东西的能力。美的创造力源自生理与心理的解放、丰富的想象以及非凡的动手实践能力。大学生热情奔放、求变求新，高校美育应在激发大学生创造激情的同时，引导其自觉地运用美的尺度去对自己的人生进行评价与指导，按美的法则去美化主客观世界。高校美育应对学生创造美的热情进行引导，给学生创造美的平台，让学生有足够多的表现自我的机会、有足够多的勇气与能力将自己与世界的未来联系出来。美育是唤起主体创造欲望、培养大学生创造能力、实现大学生完善人格的一种有效手段。

4. 帮助大学生自觉地以美修身

大学生年富力强、勤奋好学、学识渊博、才华横溢。但是拥有知识并不等于拥有崇高的人格，拥有才华并不意味着能够作出伟大的事业。崇高的人格源于美的创造。高校美育应有助于大学生自觉遵守美的准则和法则修身养性，树立良好的自我形象。大学生审美素质的形成既取决于大学生自身的努力，也取决于大学生赖以生存发展的具体环境和大学生发展进程中的趋势。因而，加强美育、提高大学生素质，是一个持久的全方位的系统工程，这一系统工程应包括：艺术鉴赏课的规范开设；广泛开展课外活动，打造美育的第二课堂；强化校园文化建设；美化校园环境。还必须通过健康、向上的艺术实践来将大学生本身的潜能激活，将其人格进行完善，使其精神振奋。让大学生在不断提升审美修养的过程中将生理、心理的发展更为健康与协调。

另外，循序渐进的原则也表现为美育的持续和重复。细雨润物贵在时时陶冶，精美的艺术品让人百读不厌，动听的歌曲让人反复吟唱，杰出的文学作品让人千古传诵，但每一次鉴赏又让人耳目一新。所以以美成人的美育过程中学生理解越来越深、想象越来越多、体验越来越多。因此，美育过程仍需不断重复、深化，并在周而复始之中最终达到完善人格之目的。

第四节　高校美育与学科教育的联系

教育的功能和价值，一是促进人类社会的发展和完善，二是促进人类自身的发展和完善。这就是说，教育的根本任务是推动社会和人类自身的发展和完善。教育是一个系统工程，人的全面发展有赖于多方面的动力。我们知道，智慧、意志、情感三种因素组成了人的心理结构，这三个方面在实践中分别对应着认识关系、伦理关系和审美关系。主客观、认识与实践、感性与理性之间的发展过程通过认识关系进行说明，认识关系以观念的普遍形式对事物本质的关系进行把握，属于智育的范围；人和人、个人和社会的普遍道德准则通过伦理关系揭示出来，告诉人们哪些行为好，哪些行为坏或者丑，伦理关系属于德育范围；审美关系以情感关系的形式呈现出来，揭示着人们如何按照美的规律和审美理想去改造世界、塑造自己，同样在美育范围内。这三个方面对于组成一个人健全的心理来说是必不可少的。它们和侧重于人的体质锻炼，使人获得健康体魄的体育一起，共同构成了促使人全面发展的教育体系。可见，整体动力观的教育观念决定了德、智、体、美育是相互联系、相互促进的统一整体。

20 世纪 90 年代末，《中共中央、国务院关于深化教育改革全面推进素质教育的决定》（简称《决定》）明确把美育纳入教育方针，作为全面素质教育的一个重要组成部分。《决定》指出："美育不仅能陶冶情操、提高素养，而且有助于开发智力，对于促进学生全面发展具有不可替代的作用。要尽快改变学校美育工作薄弱的状况，将美育融入学校教育全过程。"《中国教育改革和发展纲要》中又一次明确提出：美育在培养学生健康审美观念与审美能力、陶冶崇高道德情操、造就全面发展人才等方面起着举足轻重的作用。离开了美育，素质教育是不全面的。

美育作为实施素质教育的切入点，除了自身的重要性，还对其他各育起促进作用。以美辅德，以美益智，以美健体，以美促劳，必将促使学生全面和谐地发展。

美育以它突出的人文性和面向整体人格的全面性而有别于德、智、体三育，又与德、智、体三育互相渗透、互相交融。只有把握好美育与德、智、体三育的关系，才能更好地开展美育。

一、美育与德育的关系

美育与德育的关系问题，从理论上讲，就是美与善的关系问题。美与善的关系非常密切，善是美的基础，在道德领域甚至善即美。这就是说，美育与德育的关系是非常密切的，美育最终要达到人格的提升的目标，与德育的最终目标具有一致性。

（一）美育与德育之间的区别

美育与德育虽然存在着密切的联系，但又各有特点，两者的差别主要体现在以下几个方面。

第一，从性质上说，美育是通过美的事物、美的形象、美的理想陶冶人的情感，塑造美的心灵，培养全面发展人格的教育。美育具有自由和愉悦的特点。美育注重发展受教育者的审美感受力、创造力，使个性得到和谐而自然的发展；在个性化的审美体验中，受教育者往往超越了现实生活的某些限制，自发地投入受教育过程中并乐此不疲。德育则是偏重于对善的行为的逻辑判断，注重发展受教育者的意志约束力，是一种规范性的教育；偏重于培养个性对社会的服从，它努力使受教育者以社会普遍的规范和法则作为自己的需要和准则，而这种由外向内的约束常常使个性的发展要求受到克制。

第二，从方式上说，美育是一种感性的引导和诱发，它通过美感染人，使人的个性情感得到自由表现和升华，因而具有明显的情感性、形象性、自由性。在这个过程中，一切都得靠受教育者自己去体验，这种体验是具有主动性和创造性的，也是生动活泼的，受教育者可从趣味满足中获得认同和教益。德育则主要是通过说理，言明大义，以理服人。它的重要特点是说服，尽管也可以采取一些生动活泼的形式，但它终究是理性化的，受教育者也基本上处于被动地认识与接收的位置。

第三，从功能角度出发，美育偏向个性人格的培养，通过敏锐感受力的培养、个性情感的开发，促进人们自发性、创造性的形成。德育重在社会人格的培养，通过磨炼意志力来形成人们的自觉与遵从。所以德育与美育的价值取向各有侧重：德育注重社会尺度、偏重实际的原则，有助于受育者对实际环境的适应；美育则强调人格的尺度和超越性原则，无法有助于受育者在现实环境中获取实际利益，但是受育者能够根据人格发展的需要，产生变革现实、追求社会秩序更加符合人道的理想与动力，所以美育蕴含着变革社会的超前的理想性。

（二）美育与德育的辩证关系

美育和德育的关系是辩证的关系，主要体现在如下几个方面。

第一，美以善为前提。善，体现着人类普遍的利益要求。人的实践活动具有一定的目的性，而这种目的如果是符合客观事物的发展规律，也就是合理的，就会给人类带来益处，同时也是善的行为。美则是人们对事物的一种情感体验。但是美是建立在善的前提之上的，这是因为它不是一种超脱的抽象，它将事物的客观性与社会性进行了统一。亚里士多德曾说："美是一种善，其所以引起快感，正因为它善。"雨果的名作《巴黎圣母院》中的敲钟人卡西莫多，从外形上看是丑得吓人，但由于他有一颗非常善良的心，所以仍能给人一种美感。因此，美的事物最终都不能脱离善良而存在，美丽源自完美。美以善为先决条件，同时它又决定着全部审美教育的基本目标，就是要培养、诱导人的善感，把个人的性格塑造成完美的个性。

第二，道德状态是从审美状态发展而来的。席勒曾说："要使感性的人成为理性的人，除了首先使他成为审美的人，没有其他途径。"又说："只有审美的过度才能使社会成为现实，因为它通过个体的个性去实现整体的意志。"[①] 这话有点绝对，但也说明了审美教育具有特别重要的道德意义。道德状态从审美状态发展而来，是由于道德实践是建立在一定的情感基础之上的，要提高人们的道德状态，不能就道德说道德，更重要的是要提高人们的审美情操。所以，德育教育人不要做违反道德的事，无疑是非常重要的，但如果能使人从小就热爱美，厌恶一切丑行，这就具有更加直接和积极的意义。

第三，美以善为最终目的。美不等于善，但美最终是为了善，这是由人类社会的本质所决定的。审美活动也是人类实践活动的一个方面，如果审美活动不能给人们带来益处，那它也难以存在和发展。美最终是为了善，表明美学和伦理学在根本目的上是一致的。把美学与伦理学用之于社会实践的美育和德育，都是为了培养全面发展的人才，创造人类更加美好的世界。

① 席勒．美育书简[M]．徐恒醇译．北京：中国文联出版公司，1984．

二、美育与智育的关系

美育与智育的关系问题，也就是美与真的关系问题。美与真的关系非常密切，真、善都是美的基础，离开了真、善就没有美。所以，美育与智育也是不可分割的。

（一）美育和智育的差别

美育与智育有着很大差别，主要体现在以下两个方面。

第一，教育的内容和目的不同。美育以感性的审美对象和审美形式为根据和手段，主要是一种培养审美能力，是使受教育者的情感得到表现和升华的过程。在这种过程中，受教育者接触的是以形式——情感为特征的审美对象，例如，自然景观和艺术作品等。当然美育还包括对学生进行知识教育，但是它并不占首要地位，它以审美能力和陶冶情操为主旨。美育过程既然是建立在受教育者自发性的基础上的，就可以直接适应个体生命发展的要求，从而使人格得到协调、自然地发展。智育则是传授公式、定理、概念、定义、法则、判断、推理等具有概念——逻辑特征的知识的过程与环节，旨在促进受教育者对科学文化知识和技能的掌握，开发受教育者智力结构，而不是直接关系到受教育者生命要求和情感满足要求。

第二，教育的功能意义存在差异。美育的作用以审美能力的发展为目的、以感情的表达与升华为动力。审美能力的培养虽然也要借助知识，但是从实质上看并没有从具体表象走向抽象的逻辑，而是越来越深入地走向具体感性形象。智育的使命在于促进观察力、想象力与思维力的培养，而这一培养的核心就是推动逻辑思维能力的提高。皮亚杰对认知发展理论的研究表明：逻辑思维能力的培养在某种意义上说就是抽象力的提升，就是智力由具体表象到抽象逻辑的过程。审美能力和逻辑思维能力这一不同的发展取向，决定着美育和智育之间存在着重要的区别。以培养逻辑思维能力为主的智育，重在训练学生的逻辑判断与推理能力，智育应摆脱认知上的主观性，使之与客观性相一致，这在一定程度上常常会压制情感与想象的开发。

（二）美育与智育相互促进

美育和智育虽有区别，然而美育和智育却相辅相成。

美育在智育中的推动作用首先表现在能有效促进人们认知能力的发展。我们知道智育过程就是认识规律、知识体系的过程，美育在个人成长过程中审美能力的培养一方面包括认识能力的培养，另一方面又为认识能力的培养提供了必要的依据和条件。因为审美能力在一定意义上本身就是一种认知能力，但与逻辑思维认知不同，审美能力又是一种特殊的悟解能力。每一种审美形式都是个性情感创造性的表现，透过审美形式的经验，我们能够直接理解其中的情感生命，能够理解主观世界中的感情与情绪，并组成对人生智慧的特殊感悟。这种领悟还意味着一种特殊认识能力的培养，这对于人智力的开发是很重要的。其次是美育具备的创造性思维培养功能对智力发展有积极影响。创造是人类最为可贵的动力，大千世界中所有的物质文明与精神文明都是人类创造性的结晶。创造性思维能力作为智力的一种高级表现形式，它是一种以已有知识、经验为基础的发现与创新能力，它集中地体现了人类的智慧。但美育有心理上的综合体验，有整体性的特质，它是人类感知、想象、情感、理智等各种心理功能的统一体，常常会在感性直观经验中启发受教育者思考，从而深刻地发现事物本质的内部联系，表现为一种整体性创造能力。所以，把美育的形象性与趣味性引入智育过程，把经验、启悟机制引入智育，把美育的多种方法引入智育，能促进受育者观察力、想象力与体悟力、创造性思维能力等多方面的培养。

同样，智育对美育也有重要的促进作用。首先，美育需要有一定的智力准备。一个知识储备越多、对事物认识能力即智力越高的人，他在审美活动中对对象的领悟就越深刻，审美情感反应就越强烈。智育主要培养的正是人的智力，所以对美育必然具有促进作用。其次，美育离不开理性的指导作用，美育就是要把理性渗透到感性的个体存在中去。理性思维由于能够揭示事物的本质，因而能更好地指导人的实践活动。美育作为一种教育实践同样离不开理性思维的指导。如此，为了深入把握美的本质，获得更深刻的美的感受，美育就不能停留在美的感性认识上，必须上升到美的理性认识上。因此，美育和智育的结合是必不可少的。

三、美育与体育的关系

美育以提高人的精神素质为目标，体育则以提高人的身体素质为目标，但两者密切相连。高尚的精神世界，有利于促进身体的健康；健康有力的体魄，是实现人的美好理想、提高人的精神生活质量的物质基础。所以，只有从人的全面发展的角度来认识，才能更好把握美育与体育的关系。

现代体育的一个重要特点是注重身心协调发展，以人的全面发展为宗旨的现代教育决定了体育不应是单纯的身体教育，而应该是以身体教育为主要途径的人的教育。体育的一个重要目的是增进健康，而健康不仅是指生理上的健康，它包含着身体机能的健康和心理功能的健康。美育通过美的熏陶和情感教育，恰恰可以使个体获得丰富的精神价值和心理功能的健康。就是说，美育和体育，在塑造人的内在美和外在美方面，起着互相协调、相互促进的作用。

历史地看，体育和美育常常紧密相连。原始体育活动往往和娱乐或者艺术活动相融合。例如，带有宗教礼仪色彩的原始歌舞就是一种感情上的发泄和生理上的锻炼。古希腊时期，体育首先是为了训练强健的体魄和为军事作准备；其次是使人体更为健美。这一健与美彻底统一的文化传统，历来是后世体育、美育得以良性发展的主要来源，更是当今融美育于体育之中的文化资源。

就其文化性质及作用而言，美育和体育的目标均是活动本身。首先，二者的教育过程都是生命活动的过程，也都是目的。如果说道德活动、认识活动是为了活动结果的话，美育、体育则是为了活动过程自身。尽管美育和体育均包括了知识、技能、技术以及道德等方面的学习内容，但是这些要素仅仅是手段而非基本目标，都从属于身心和谐发展这一基本目标。其次，美育和体育均是人类生理和心理的综合投入。美育以美的熏陶、情感教育来促进全身心的和谐发展，体育是通过体育来促进心理方面的开发与完善。身心全面和谐发展的教育理想，是美育与体育的根本前提与共同基础，二者均直接反映着培养具有全面发展个性现代教育之目的。

体育还能促进美育，主要体现在以下几个方面：一是体育作为一种身体教育有促进人体健美的作用。例如，健美操是人们健美塑造身体的创造活动之一。二是体育作为一种身体协调的自由行为，让运动者与观赏者都有一种强烈的审美体验。体育活动往往伴随有美的情感体验，例如，在伴着音乐进行艺术体操、滑冰等运动时，人就能得到视觉、听觉上的美感愉悦，同时运动者自身也能得到美感愉悦。这一经验一方面源于锻炼时自我实现的感觉，另一方面也源于动作节奏感所带来的和谐洒脱的体验。在人类文明不断发展的今天，体育越来越成为一项带给人们审美享受的项目，其观赏性也越来越高，各种体育运动项目向人们呈现着奇妙的审美对象。从这一点来看，体育观赏还蕴含着美育功能，它能促进个性情感的表达与升华。

美育在体育中同样起着举足轻重的推动作用。第一，将美育原则引入体育，挖掘体育实践与教学过程中的美育因素可克服单纯锻炼身体这一片面性倾向，使身心得到和谐发展。第二，在运动过程中形成必需的审美能力是获得一定运动技能和技巧的重要先决条件。比如，音乐教育有利于培养人的节奏感，舞蹈教育有利于培养身体的协调能力，等等。因此，通过美育这一途径来挖掘人类美感潜力可以为体育运动奠定良好基础。第三，美育能促进生理、心理上的协调、均衡，良好的心理素质、境界又是从事体育运动的根本。有高度审美素养者往往可以较为自如地平衡内心，同时还可以让自己快速激动，而这一心理能力恰恰是体育运动所急需的。

四、美育与艺术教育

美育的手段是美，包括自然的美、人的美、文化的美等，但最主要的手段是艺术。美育的主要方式是艺术教育。

从美学史上关于美育作为一种人格教育的种种美育思想中可以明显看出，中外的哲学家、美学家、伦理学家在谈论美育时，几乎一开始就是在谈艺术教育。如柏拉图说艺术能够深入人的心灵深处，用以滋养自己的心灵，能使人的心灵高尚优美。他特别提到音乐教育，主张用音乐美滋润儿童，认为音乐能够使人的性格变得高尚优美。亚里士多德说艺术教育和审美教育有利于人格的健康发展，有益于社会，他特别谈到作为艺术的悲剧和音乐的净化作用。所以古希腊人把审美教育称作“缪斯教育”。缪斯教育就是艺术教育。在中国，最早的美育思想也是讲艺术教育。孔子一开始就提出“诗教”与“乐教”问题，明确主张把《诗经》作为一种教育手段，并用事实证明“诗教”对培养温柔敦厚的理想人格具有实效。此后两千多年来，中西论述美育问题的理论家们几乎无一不把艺术教育作为审美教育的主要方式来谈论。

西方 19 世纪—20 世纪出现的艺术教育运动，就是倡导用艺术来培养人的“美的灵魂”的运动，以致人们把审美教育直接称为艺术教育，把审美教育论直接称为缪斯教育论，并涌现了一批有影响的艺术教育论著，如韦伯的《艺术教育与教育艺术》《艺术教育论的理论基础》，德国美学家伏尔盖尔的《艺术与社会教育》，特龙佩尔的《缪斯教育论》，萨尔维尔克的《艺术教育》等。

为什么审美教育的主要手段是艺术？因为艺术是美的典型形态和最高形态。正如竹内敏雄所说："艺术一般被认为是审美价值或审美文化的典型。"从深层看，"艺术的发展无论是种族史还是从个人观点都显示出同人类相平行的状态，其规律和教育的最高理想性相一致"，"艺术的价值规律对规定一般的人才培养目标的价值规律性显示出最大的内在亲近性"[①]。就是说，艺术教育和一般教育理念、教育理想是完全一致的，人类所经历的经验世界和历史、人类的高贵品德和人文精神、人类的智慧和创造力等等，都可以在艺术世界里获得多方面丰富而深刻的体验。这是其他美的形态所难以达到的。

再从各种范畴的艺术美的影响功能看，事实证明，优美的艺术作为一种和谐的美，它与人的生命形式相适应，其美感的自由协调与人追求平衡的本能有着内在的一致性。它可以匡正人的粗俗与鲁莽，培养文雅的风度，激发人们对美好生活、美好人生的向往。崇高的艺术形式上的不和谐或内容的严重冲突可以让人意识到世界的严峻、人生的艰险，使人在惊叹中振奋，激发和培养人的坚强意志与阳刚之气；可以让人学会对伟大的人和事敬畏。悲剧在激发人们的悲痛之情的同时，使人看到了生活的苦难、人生不幸的一面，它使人惊心动魄，又发人深思；它使人学会崇尚正义，崇尚英雄，同情弱小，憎恨罪恶。喜剧对丑的机敏讽刺可以培养人的机智感，使人学会看穿生活中的虚伪或荒唐悖理的人事，自己也能够更清醒地避免丑陋；它以美压倒丑的情境使人对生活充满信心和乐观主义；它的幽默品格可以培养人心胸旷达和富于幽默感的人生态度；等等。总之，各类不同形态的艺术美对人的心灵影响，对于建构完美和谐的人性和人格各有积极意义。

20世纪50年代后，随着心理学和大脑研究的进展，在国外人们越来越认识到，艺术绝不仅仅是休闲和娱乐，它涉及的是一种比一般思维更直接、更具有整体性和更具有创造性的思维。大量事实证明，任何一个对科学领域有突破性贡献者，无不同时具备较强的理性思维能力和优秀的艺术直觉思维品质。从20世纪80年代开始，美国哈佛大学著名发展心理学教授加德纳在心理学、生理学、教育学、艺术教育等领域进行多年研究后，论证了人类思维与认识世界方式的多元化特征。通过对大量心理学实验数据和实例的观察分析，他认为人类至少有八种思

① 竹内敏雄．美学百科辞典[M]池学镇译．哈尔滨：黑龙江人民出版社，1987.

维方式（语言智能、数理逻辑、音乐智能、身体运动、空间智能、人际关系、自我认知、环境智能），而且在艺术教育中都可以发展这些智能。美国国家艺术课程标准中指出艺术教育的价值一在于学生，二在于社会。艺术帮助造就一个完整的个体，艺术发展了直接感觉经验，帮助人们更加完善的认识整体世界，帮助学生了解人类古代与现代的经验，对别人的思维方式、工作方式与表达方式以及解决问题的艺术方式等进行借鉴与学习。艺术教育也有利于给学生学习带来热情，帮助青年去学习、去探究、去领悟、去接受、去应用。

简言之，艺术教育所产生的审美教育效果最深，艺术教育在审美教育中占据着首要的地位和重要地位。

第三章　高校美育发展分析

了解高校美育的发展过程和存在的问题是对高校美育理论与实践进行分析研究的依据。本章为高校美育发展分析，主要介绍了高校美育发展历史分析、高校美育发展现状分析、高校美育发展问题分析、高校美育发展困境分析等内容。

第一节　高校美育发展历史分析

一、我国高校美育的产生

（一）高校美育在古代已经产生

在西周时期，我国美育相关教学内容就已经出现了，比如官学中的诗歌、音乐、舞蹈等等。秦汉以后，随着儒学的发展和科举制的实行，学校教育逐渐成为一种专门培养高级人才的高等教育形式，并形成了具有鲜明特色的高等文科教育体制。鸿都门学，一门创立于东汉时期的学科，涵盖了辞赋、小说、字画、尺牍等多个领域，被一些学者誉为中国最早的专科大学，在当时的那个时代，鸿都门学也属于全球最早的文科专科大学。自汉代起，一些最高教育机构，如国子监、太学等设立了画学、书学等学科，为当时的教育事业注入了源源不断的活力。在五代和两宋时期，画院成立了，这也可以说是当时中国古代的一所美术学院，为当时的艺术界注入了新的活力。此外，还有汉代黄门画工、唐代少府监以及清代如意馆等，这些都是中国古代时期一些专注于工艺制作和技术传授的机构。由此可见，在中国古代，高校美育已经产生。

（二）近现代美育在高校开始发展

在近代时期，美育开始更加迅速地发展起来，尤其是在晚清科举制废止之后，这一时期我国开始出现了一批近现代意义上的高等学府，推动了高校美育的发展。比如，在 1866 年，中国近代第一所海军学校被建立起来，这就是马尾船政学堂，这个学堂被建立在福州市，主要教授海上作战方面的相关教学，同时还教授画法。接着，各种新式学堂也纷纷开设了以图画为主题的学科。1898 年，我国近代史上第一所综合性大学设立成功，这所大学就是京师大学堂，在这所大学内，开设了多种类型科目的教学课程，在艺科中就包含有国画等内容。京师大学堂，不仅是国家最高学府，同时它还属于当时国家最高教育行政机关。在 1902 年，我国最早的师范学校之一设立成功，这所学校就是两江师范学堂，在这所学校内有高等师范院校内的第一个美术系科，即图画手工科，在这个美术系科中包含有多项艺术相关内容，比如国画、速写、素描、音乐等等。随着时间的推移，各地的师范学堂不断设立，在这些师范学堂内，手工课、图画课等多个课程也在其中开展。

在 1911 年，我国现代美术教育史上第一家正规美术专业院校建立成功，这个院校就是上海国画美术院。1918 年，我国第一家公立美术学院成立了，这个学校就是北京美术专门学校。在 1927 年，中央大学开设了艺术系，致力于推广艺术教育事业。在此时期，高校美育实践得到了教育家蔡元培先生的重要推动，为其注入了强有力的动力。蔡元培先生在担任国民政府教育总长时，曾经推动教育部公布了这样的教育宗旨，即“注重道德教育，以实利教育、军国民教育辅之，更以美感教育完成其道德”[①]。他既在政策上推动了高校美育的发展，还在理论上不断探究分析，促进了我国美育理论的发展。在担任北京大学校长之后，他在北京大学课程中开设美学课程，并亲自编写《美学通论》，聘请著名艺术家来到北京大学进行讲学。大力实施美学教育，在大学内组织音乐、书法、画法等美育团体，增强了北大对于美育与艺术教育的重视，使之形成优良的教学传统。

二、高校美育的发展

自中华人民共和国成立以来，美育一直处在不断发展之中，在这个过程中，它接受到数不清的困难与挑战，同时也受到了一些鼓舞。自中国共产党成立以来，其高度重视文学艺术在革命中的积极作用，为了促进文学艺术的发展，使更多的人能够了解文学艺术，设立了一些专门培养文学艺术人才的学府。比如，鲁迅艺

① 杭州教育档案编研．杭州近代教育图志[M]．杭州：杭州出版社，2020.

术学院、延安大学文艺学院、华北联合大学文艺学院等等。

中华人民共和国成立后，人民生活进入了相对安定与和平的发展时期，国民教育也开始步入正轨。1951 年 5 月 31 日，当时的教育部部长马叙伦在全国中等教育会议闭幕词中指出："使青年一代在智力开发教育、道德教育、体育、美育各方面得到全面发展，成为新民主主义社会自觉的积极的成员。"① 党和政府出台了有关政策，进一步推动了美育事业包括美育在高校实践的发展。国立北平艺专更名为中央美术学院，杭州国立艺专更名为中国美术学院，与天津美术学院、鲁迅美术学院、广州美术学院、四川美术学院、西安美术学院、湖北美术学院并称为"八大美术学院"。1950 年，中央音乐学院、中央戏剧学院成立。1955 年在全国文化教育会议上国务院重申了全面发展的教育方针，确保学生德智体美全面发展。这说明，在 20 世纪 50 年代之初，美育占有一席之地。到了 20 世纪 50 年代末期我国高校美育的地位逐渐受到政治方面的影响，虽然在之后路线方针调整过程中有所改善，但很快就因为社会动荡而遭受到影响，美育工作一度陷入沉寂状态，阻碍了高校美育的发展。直到改革开放，我国高校美育才迎来了崭新的春天，特别是党的十一届三中全会的召开，号召恢复高校美育，才使得高校美育的迅速发展。全国第一次美学会议于 1980 年召开，为美育的教育实践活动的广泛召开提供了基础，一时之间美育思想和美学思想也达到了空前活跃的程度。1986 年 3 月，在第六届全国人大第四次会议提出的《关于第七个五年计划的报告》中指出："各级各类学校都要认真贯彻执行道德教育、智力开发教育、体育、美育全面发展的方针，并根据各自的特点适当加强劳动教育。"② 这说明，党和政府重新为美育正了名，让美育又回到了高校教育的大家庭。20 世纪七八十年代清华大学、上海交通大学、上海同济大学、北京大学、浙江大学、中国人民大学、北京航空航天大学、天津大学、华中理工大学、北京理工大学等高校陆续成立音乐室、艺术教研室、艺术教育中心等艺术教育机构，或开设了艺术课程。国家教委设置了社会科学与艺术教育司（现改为体育卫生与艺术教育司），成立了艺术教育委员会，颁布了全国学校艺术教育总体规划。1988 年，国家教委颁布了《在普通高等学校中普及艺术教育的意见》。1991 年，中国高等教育学会美育研究会正式成立。此后，

---

① 徐岩，张廷凯，赵占良，等．中国百年教科书史 [M]. 北京：人民教育出版社，2019.

② 政府工作报告汇编编写组．政府工作报告汇编 [M]. 北京：中国言实出版社，2017.

1993 年国务院颁布的《中国教育改革和发展》中对美育培养全面发展的新型人才提出了要求。同时也指出：根据美育对学生审美能力的培养的研究，促进高校美育的发展。而且对美育认识也要相应地提高，使美育充分发挥自身的优势、促进教育教学的开展。伴随着我国高校教育的改革，高校美育受到人们的关注和重视，美育相关内容也被写入《政府工作报告》中了。

1997 年，11 所高校共同编写的《大学美育》教材正式出版，之后《音乐欣赏》《美术欣赏》《影视欣赏》等也随之出版。1999 年 6 月，中共中央、国务院在北京召开了第三次全国教育工作会议。在这次会议上，国务院发布了《关于深化教育改革、全面推进素质教育的决定》（以下简称《决定》）。《决定》中明确指出："全面贯彻党的教育方针，以提高国民素质为根本宗旨，以培养学生的创新精神和实践能力为重点，造就'有理想、有道德、有文化、有纪律'的、德智体美等全面发展的社会主义事业建设者和接班人。"[①] 此外，科教兴国战略这一重大决策也对美育工作提出要求，这也是美育发展的又一基础保障。在 2002 年颁布的《学校艺术教育工作规程》中国国务院对高等院校的艺术教育就提出相应的要求：应该开设艺术相关的必修课或者是选修课，以促进高校美育发展，提升学生的美育实践参与度。[②] 北京大学、东南大学、山东大学、南京师范大学等率先利用自身优势开展艺术教育实践，成为高校美育的先锋。随后，北方工业大学、西南大学、杭州师范大学、浙江科技学院等由于高校美育研究浓厚的氛围，也在高校美育实践中作出了有益的探索。

三、高校美育观念的演进

（一）习性美育观

清末，我国正处于半殖民地半封建社会，内忧外患日益加重，国家正处于社会危机与民族危机的双重夹击之中。于是，清政府迫于形势，在 1901 年 1 月宣布实施"新政"，进行教育改革，拟订了教育宗旨。虽然新的教育制度明确了教育内容，强调了教育地位，但是依然对儒学很推崇，依然具有半封建色彩。也正

① 王国炎，饶国宾，钱振林．高校思想政治理论课教改与探索 [M]. 上海：华东理工大学出版社，2007.

② 高甄文．高等教育最新法律法规与政策文件汇编 上 [M]. 北京：华夏教育出版社，2007.

因为对儒学的推崇，在中央及地方制定的各级学校章程中，美育怡养性情的功用与儒家审美观结合了起来。

直到 20 世纪初新式学堂的出现，教育界人士认为必须在学科中增添美术、音乐、体育等科目，以利于青少年涵养性情，培养美感和强健体魄。不仅在清廷所颁布的奏定学校章程中规定的教育内容已经含有美育因素。同时，在地方的学校章程里同样突出了美育因素。清末的教育中，以游戏为主的各门科目都渗透了美育因素，处处都体现出自由、愉快、涵养德行的美育特质。清末的教育已开始把德、智、体、美纳入教育体系之中，尽管当时还没有德、智、体、美的说法。但是在实际的教学实践过程中已经把图画和体育作为必修课的内容。此外为了能维护封建思想清朝廷还希望能够通过美育振奋人们的精神，端正人们的品行，这也和美育的目的相同。显而易见，清末教育宗旨的核心是“忠君、尊孔”，带有浓厚的封建气息，不过体现到美育观上，则与儒家观念如出一辙——强调美育涵养性情，逐渐达到使人有高尚道德的功能；强调艺术教育既重技法又重情感体验的教学方法。

（二）情感陶冶美育观

情感陶冶与习性是相互联系的，习性其实是情感陶冶的一个道德方面的效应。因此，这一时期的情感陶冶仍被强调为美育的主要功能，但不同的是其目标扩大为培养健全人格，而不仅仅是培养良好的道德习性。辛亥革命在经济和文化教育等领域的影响使文化教育领域的反封建斗争如火如荼地开展。具体的高校教育中以图画、音乐等新的内容充实新式国民思想。

深受西欧资产阶级教育思想影响的蔡元培，担任民国教育总长，他针对封建教育无视学生的特点——违反自然、束缚个性，提出教育要“发展个性，崇尚自然”，以培养“共和国民健全之人格”[①]为目标。蔡元培的教育观认为想要培养健全的人就需要在进行道德教育的同时，还进行军国民教育、世界观教育以及实利主义教育和美育教育，这些同时进行不可或缺。教育部也于 1912 年强调新的教育要以美感教育完成道德教育的方针，还对美感教育进行了解释：是包括美术、音乐等陶冶情操的美育。新的教育宗旨既对清末教育宗旨中的消极因素进行了否

① 吴小鸥．文化拯救：近现代名人与教科书[M]．北京：商务印书馆，2015．

定，又对其积极因素进行了继承和弘扬。新教育方针的出现有其深远的意义：一是否定了清朝廷忠君、尊孔的核心，动摇了君权的绝对权威和儒家学说的至高地位；二是将美育的地位明确地写入了教育方针之中，确保实施德智体美全面发展的教育观。这一步的发展不仅展示了美育的重要性，更进一步表明了教育的划时代发展。由于任教育总长的蔡元培非常重视美育，发布新教育方针之后，美育在所有教育改革工作中得到具体落实和明确规定。特别是教育部颁布的教育宗旨中强调的以美育教育完成其道德，指出美育就是美的情感教育，同时有助德性的形成。从 1912 年到 1919 年教育部所发的大量文件中可以看出教育主管部门对美育的重视，如 1912 年教育部公布师范学校规程规定师范教育之宗旨是："陶冶情性，煅炼意志，为充任教员者之要务，故宜使学生富于美感，勇于德行。"[①]1926 年教育部公布国民学校校令施行细则指出"体育、智力开发教育、情育、志育均宜并重，以锻炼儿童之能力"[②]。这里"情育"就是指美育。

不可否认，美育首次被写进教育方针，在教育中取得了合法地位，是美育观念史上的一个划时代的进步。这不仅体现了美育是历史发展的必然选择，也体现了蔡元培的教育思想的先进性。当然，这一阶段对美育性质的认识并未脱离儒家的观点，美育仍被看成情感教育或美感教育。陶冶情感、培养健全人格是美育的主要功能，同时通过健全人格的培养进一步达到救国救民的远大志向。

（三）益智美育观

美育开发智力的功能，自古以来就被学者研究和论述，但从未被重视。中华人民共和国成立以来文化教育也随着改革发展得到重视。于是美育与智力开发教育也就是情感与智力的关系更加明确："情感需要知识，才能发展，才能升华……只有具有丰富情感的人，才能更好地学习与运用知识，在实践中发挥最大的创造性。"[③]1951 年教育部根据 1949 年人民政府通过的《共同纲领》对大众化教育的要求首次提出来德、智、体、美全面发展的教育方针。

---

① 熊贤君．民国义务教育研究[M]．长沙：湖南教育出版社，2018．

② 汪艳丽．京台义务教育阶段美育课程体系构建的理论与实践[M]．北京：九州出版社，2019．

③ 陈曦泽，白斌，刘夏含．音乐教育实践研究[M]．北京：世界图书出版西安有限公司，2017．

（四）道德教育美育观

1956年之后，中国传统文化中真正的“善恶”与“美丑”逐渐被重视，成为物质文明和精神文明的内容之一，由于此时意识逐渐苏醒，人们对物质文明和精神文明的向往和渴望，使教育高层决策者又看到了美育。1979年5月10日，教育部副部长张承先在回答《人民音乐》记者的提问时说：“音乐，还有美术，是进行美育的重要手段。美育是培养学生德、智、体全面发展的重要组成部分……”① 这是美育复兴的前奏。1982年5月28日，中共中央关于转发《深入持久地开展“五讲四美”活动争取社会主义精神文明建设的新胜利的通知》指出：“建设一个现代化而且要有高度文明的社会主义强国，不但要有高度的物质文明，而且要有高度的社会主义精神文明。”要求“教育、科学、文化、卫生、体育部门，报刊、广播、电视、文艺、出版等宣传战线、思想战线、理论战线各单位，都要把建设社会主义精神文明作为自己的中心工作”②。这段时间的美育也在理论研究的基础上准备就绪。在高层领导的讲话中美育开始与德、智、体并列出现。然而，遗憾的是美育仍未写进教育方针之中。

（五）素质教育美育观

在20世纪末期文化多元化发展，在世界各国针对性地进行教育调整的基础上，我们总结发现世界教育发展进入了新的阶段，主张学生全面发展，实现学生素质培养的教育阶段已经蓄势待发，引领各个国家教育发展为全球化发展积蓄力量。

联合国教科文组织国际教育发展委员会编的《学会生存》一书中写道：把一个人在体力、智力、情绪、伦理各方面的因素综合起来，使他成为一个完善的人，这就是对教育基本目的的一个广义的界说。这一教育目的论带来了20世纪90年代初素质教育观念的形成及20世纪90年代末素质教育措施的落实。

20世纪80年代是美育研究和发展的重要时期，美育的教育效果得到领导的认可之后，美育的研究也达到了高潮。例如在1986年的第六届全国人民代表大会的发展报告中就明确指出了包括美育在内的全面发展方针。因此，美育又重新

① 吴东胜．美育通论[M]．广州：暨南大学出版社，2018．

② 汪艳丽．京台义务教育阶段美育课程体系构建的理论与实践[M]．北京：九州出版社，2019．

被列入国家的教育方针。美育的作用在经历战乱和内乱之后，又重新回到了它应有的位置上。由于此前对美育的摒弃，造成了美育大大落后于道德教育、智力开发教育、体育，成为相对薄弱的一环。面对这种情况，教育委员会在1986年成立了艺术教育委员会。

1988年，我国教育部门提出音乐教育是实施美育的重要手段之一。音乐教育能够培养学生的审美能力，启迪学生智慧、陶冶高尚情操，培养为祖国现代化建设献身的责任感，使他们身心得到健康的发展。这也是美育发展的结果。20世纪90年代，素质教育发展，法规和文件中确认和强调了美育的位置，美育实践也随之被推到了备受关注的高度，在不断挖掘和实践修正中促进素质教育学生的全面发展。1990年1月16日，国务委员兼国家教委主任李铁映在国家教委1990年工作会议讲话时说："……在新的历史时期，我国教育战线必须努力做到教育为社会主义建设服务，教育与生产劳动相结合，培养德、智、体、美、劳诸方面都得到发展的社会主义建设者和接班人。"[①]1997年，国务院副总理李岚清在《中国教育报》上发表《加强美育工作，提高学生素质》一文，对美育的功能做了最精辟、最高的概括。他强调了美育因为其独特作用和功能，促进教育的发展，在教育中不可替代。在《面向21世纪教育振兴行动计划》中，中国教育部首次将美育与创新教育联系在一起，指出美育在创新能力培养过程中的重要作用，也指出了美育的功能——实现学生创新能力的培养。[②]

1999年对中国美育而言，又是一个重要的历史时刻：《中共中央关于深入教育改革全面推进素质教育的决定》中将美育作为实施素质教育的重要组成部分纳入国家的教育方针当中，强调美育要在教育活动的各个环节中与其他方面教育活动拥有同样的地位，指出要尽快改变学校美育工作相对薄弱的状况，将美育融入学校教育全过程。这一表述，强调了美育沟通其他四育的独特功能以及坚不可摧的地位，一系列文件的出台把美育推向了历史的制高点。为在教育方针中加上这样一个"美"字，许多专家学者和高层政府官员作出了不懈努力。高等教育学会美育专业委员会成立后，会长仇春霖即向中央提供了大量材料、设想和方案；当时，国务院副总理李岚清做了不少工作、国家主席江泽民表示支持，中央常务会

① 包金同，杨书龙．成才导论[M]．北京：中国经济出版社，1990．

② 周洪宇，申国昌，刘来兵，等．中国教育活动通史：第8卷：中华人民共和国[M]．济南：山东教育出版社，2017．

也讨论过多次，直至最后通过。将美育置于核心位置，贯穿于教育实践的全过程之中，塑造拥有全面素质的人才才是美育功能的回归和美育目标重现。

第二节　高校美育发展现状分析

高校教育是国家进行人才培养的重要环节，而高校美育应贯穿于高校教育的德育、智育和体育之中，构成育人的教育系统。同时，美育又是审美活动中的重要环节，在进行美育的过程中，必须与审美创造、审美传播、审美鉴赏相融合，因此，在高校美育过程中，必须遵循育人的教育规律及审美活动的规律。美育促进人的全面自由发展，在教育体系中的重要作用毋庸置疑，是不可或缺的关键一环。青年大学生的能力素质水平将决定一个国家和民族未来的发展前景。高校肩负着为国家培养优秀人才的重任，因而，高校是开展美育的重要场所，也是重拾美育的重要阵地。在高校教育中，高校管理层、教师与学生在重拾美育的过程中起着举足轻重的作用，了解当前高校美育发展现状在解决高校美育困境，寻求发展美育、丰富美育途径等方面具有重要意义。

一、高校美育的认知现状

了解高校师生对高校美育的态度与评价，是建设和发展高校美育的思想前提，掌握高校美育目前的认知情况对于进一步建设和开展高校美育具有关键性的作用，是决定着高校美育建设应该从何处着手，采取何种措施的重要依据。目前高校师生对美育概念的认识存在多样化现象。

美育是审美教育的简称，曾经被称为“美感教育”“情感教育”“人格教育”“艺术教育”“审美观教育”“审美能力教育”“美学知识教育”等，这样的称谓表明过去大多数人对于美育的概念和范畴的认识以偏概全，因而造成大众对于美育认识的长期不一致，对美育概念的界定模糊。大学生对于美育概念的认识程度不同，有的甚至不知道什么是美育。目前我国高校师生对美育的感知和认知大致有以下几种。

第一，高校美育是在课堂中对学生进行的审美知识和审美感受的教育。部分高校学生认为美育课程是高校美育的重要方面。但是，许多大学生对于高校美育的评价是以高校是否开设美育课程为标准的，他们认为高校美育就是高校的美育课程教育，这些学生认为课堂是教授审美知识，培养审美感受的重要途径和场所。

在开设了美育相关课程的高校中，部分学生表示自身感受到了高校的美育，学校开设美学教育课程让学生有机会直接地接触生活中的美与真。但也有大学生表示对高校美育感受不深刻，专业课程的学习压力导致学生无法在美育课程中花费太多时间和精力。甚至许多大学生选择学习美育课程仅仅是因为要修学分。有的大学开设的美育课程较少，学生对美育相关课程的了解较少，因此学生在大学学习中几乎感受不到美育教育的存在。

第二，德育就是美育，德育与美育的内涵理解混淆。许多学生对于德育和美育的界限并不清晰，或者将二者相混淆，或者将二者同一。美育和德育都是教育的要素之一，都具有培养人的功能和作用，但是，美育和德育又都具有各自的特色及教育的特殊目的和目标。德育主要在于培育具有自觉的道德意识和高尚的道德行为的人，也就是道德感强烈、一心向善的人；美育主要培育具有先进的审美感官和高度的审美能力、能独立从事审美欣赏、独立从事审美创造的人，也就是执着进行审美追求的人。美育应该渗透在德、智、体、美、劳等各方面教育中，在德育教育过程中，要强化文体活动、艺术鉴赏、时事教育、实习实践、文明规范等形式、内容和过程，使德育充满愉快的情趣并具有吸引力。由此可见大学生目前并不能真正理解美育的内涵，存在对美育的片面认识。

第三，美育就是对审美能力和审美素养的培养和教育。从高校的美育效果的角度进行分析，高校美育是学校对学生审美能力和审美素养的培养和教育。现实中学生对高校美育效果也存在不同感受。在开设了美育课程的高校中，部分学生能感受到学校将审美教育融入日常的活动与生活当中，通过不同的活动形式向学生传递正确的审美观念，利于大学生的美学素养的养成。部分高校立足于当前大学生审美素养的现状，以培养学生良好的审美能力、审美情趣和审美修养为目标，把握建构大学生审美精神的内在规律，使学生摆脱社会现实的条条框框，促进了大学生审美教育的发展。但也有学生认为学校的教育基本采用机械式的教学模式，学生无法在课堂中形成自己的思考，更不用说在教育中感受到审美教育。由此可见，这类学生对于美育更重视其结果，认为美育就是对审美能力和审美素养的培养和教育。

二、高校美育的课程现状

（一）高校现有美育课程体系分析

随着教育界对美育的逐渐重视，高校已经逐渐对美育的重要性有所认知，许多高校也已经在尝试建立美育课程体系并取得了一定的成果。下面将以几所高校为例，分析现在高校中美育课程体系的建立情况。

华南理工大学建立了“人文—美育—文学”课程体系，把传统的大学文学知识教学提升为蕴含了美育价值的教学活动，实现了从“美的文学”到“美的教育”的转变。该校就是在一定程度上突出了学科教学的美育功能，而且是指向学生人格养成的美育，通过美育培养学生的人文精神，进而促进学生人格完善。

西安交通大学开设了多个类别的美育选修课，其中主要是各类艺术赏析、文学作品赏析、艺术创作技能训练、美学或美育学科课程、美育参观等实践。此外，还实行了《本科生课外 8 学分美育评分细则》，学生可以通过参与各类美育课程或校内外美育活动获得相应学分，使得学生可以根据自己的个人兴趣来选择所学。

首都师范大学在美学课程的作业、考试方面采取了一些改革举措，有一定启发意义。该校采取了如下考核方式：第一，开放式作业，即每学期分 2—3 次布置作业，作业分为教师命题和学生自选两类，既保证了教学目标的实现，也给学生提供了更大的灵活性和自主性；第二，口笔结合，改革考试命题和评分方式，将笔试和口试结合起来，着重考查学生掌握基本理论的程度和运用理论进行自我阐发、逻辑性表达的能力；第三，综合评分，取期末考试（70 %）＋平时作业 30 %（含 2—3 次作业、课堂讨论、审美考察活动参与情况等），综合评定学生的总成绩。[①]

四川师范大学的美育课程体系在坚持课内与课外相结合方面也颇具特色。1985 年，四川师范大学在全国高校中率先创建以培养大学生审美情操和艺术素质为主要任务的业余美育学校；1993 年将“尚美”写入校训；1995 年将“业余美育学校”改建为“美育学校”，不断加强审美教育课程建设，持续拓展审美教育第二课堂，取得显著成效，该校先后获得“全国艺术教育先进单位”等省、部、国家级审美教育奖近 10 项。

① 金昕．当代高校美育新探 [M]．北京：商务印书馆，2013．

北京大学在加强校内艺术教育方面作出了很多努力，开设了丰富的美育课程建设，在校园环境、校园文化活动方面注重美育引导，实现校内美育课程与校外的实践类课程相统一的美育课程体系。除此之外，北京大学还注重校外美育活动资源的引入，如从课堂走向博物馆、参加合唱团、参加美术作品比赛等都是认知美、实践美、创造美的良好途径。北京大学丁宁教授就曾指出：美育不仅是艺术教育，它既包括被动地接受教育，也包括主动地参与实践。因此，北京大学在美育课程体系建立的过程中，注重美育知识教育与美育实践类课程同步开展，以促进学生审美意识、审美能力的提高，实现学校美育的育人功能。

（二）我国高校美育课程建设的不足

虽然许多高校在美育课程建设中取得了优秀成果，但是我国高校的美育课程建设仍存在许多问题，不同高校的美育课程体系建设程度和质量有较大差距。加强高校美育课程建设，丰富美育课程类型是现在高校发展美育的首要任务。高校的美育课程是高校美育的重要载体，大学生关注高校美育，对高校美育评价的重要指标就是高校的美育课程。高校美育课程存在很多问题，归纳起来包括如下三个方面。

第一，仅开设美育通识选修类课程，且课程数量较少，覆盖面小。高校的美育课程面对非艺术类的学生主要以选修课的形式进行普及，但是从目前的美育课程开设现状来看，高校的美育课程数量较少，能够选修到的人数极为有限，很难满足广大学生对于美育课程的需要。这也就造成了同一所高校中，学生对学校美育的感知和认识有所不同。高校开设的美育的公选课课程数量较少，覆盖率较低，很多学生无法选修到此类课程，造成了高校美育的进一步缺失。增加美育选修课的数量，满足广大学生对于美育的学习需求，是高校首先需要解决的问题。

第二，美育课程的内容较为传统，缺乏创新，没有相应的美育教材。目前，高校开设的美育课程其内容仍延续多年以前所选用的教材和资料，课程形式也缺乏新意，不能结合时下的热点，也缺乏有吸引力的教学内容；课程既缺乏实用性，也缺乏对学生的吸引力。时代是在不断进步和发展着的，人们的审美感受和审美需求也在发展着、变化着，高校需要在教学内容中增添更多的时尚元素和时代气息，才能够引起学生的学习兴趣，进而切实发挥高校美育课程的育人功能。

第三，教学方法、授课形式比较陈旧，缺乏新意。高校美育课程的讲授方式和方法有待开拓，现在很多美育课程在教学方法和教学形式上同其他专业类或是其他公共选修课很相似，缺乏教师与学生之间的互动与交流。长期以来，我国都采取灌输式教学模式，这种方式让学生只能单纯地接受、输入并储备信息和知识，使学生失去了批判的能力，只能成为信息和知识的适应者。因此，高校要努力加强美育建设，开辟新的教育方式和方法，切实发挥美育课程的作用，塑造学生良好的人格品质，培养有创造精神、创新能力、具有智慧和能够解决实际问题的全面发展的人才。

三、高校美育的现有途径

高校美育与知识教育不同，它的根本目标不是要学生掌握艺术知识和艺术技能，而是通过美育使学生能够发自内心地感受到美。高校美育的途径主要包括教师的言传身教、美育课程、校园文化与环境、校园文化活动和校外实践活动。

（一）教师的言传身教

教师的言传身教是高校美育开展的重要途径。“师者，传道授业解惑也。”[①] 教师在学生的成长历程中扮演着重要的角色，对学生的成长成才起着举足轻重的作用。教师的一言一行反映着学校的美育，教师或者辅导员对审美教育起着重要作用。辅导员、专业课教师等教学人员是开展言传身教式美育的重要人员，专业课老师对自身的完善和修养能够影响和熏陶学生的生活。教师的身体力行是学生的榜样，能让学生切身感受到什么是美，如何看待美、发现美。由此可见教师的言传身教是高校美育的重要途径。

教师的言传身教能够给学生带来深远的影响，其中，教师具备足够的人格魅力是必要方面之一。教师的人格魅力是指拥有健康人格的教师，以其真才实学、真情实感和真知灼见等为学生所认可和赞同的思想、道德、意志等内在品质，对学生产生的一种具有同化和影响作用的巨大吸引力，是教师的才、情、智、气质、能力、品质、语言等各方面感染力的综合，是教师的内在品质的外在表现。此外，教师的外貌衣着也是对学生产生影响的重要方面，教师在衣着服饰方面，应该优雅大方、端庄得体，这是从直观的视觉角度向学生传达的美的感受，是一种审美

① 牛宝彤．唐宋八大家通论：上[M]．兰州：甘肃教育出版社，2016．

的教育和影响。因此，教师的人格魅力和外貌衣着是教师对学生产生积极影响的重要方面，对学生的人格培养起着至关重要的作用，是教师的言传身教能够得以发挥正面影响的重要保障。因此，教师的言传身教是促进学生人格养成的重要途径。

（二）课堂美育教学

课堂教学是高校对学生进行教育的最为常见和常规的途径。美育的课堂教学一般包括专门的艺术类课堂教学、通识类课堂教学、融入专业的专业课堂教学及校外实践课堂教学。开设美育课程，尤其是开设与艺术教育和专业教育相结合的选修课程，少而精地讲授美学和美育的知识、理论、观点、技法等，辅以生动活泼和形式多样的实践体验，有助于调动学生的积极性和主动性，直接而集中地提升学生的知、情、意的审美境界，增强他们识别美丑，进而发现美、体验美、欣赏美、创造美的能力。因此，美育课堂的建设不仅要加强传统观念中的校园内的美育课堂建设，还要加强和丰富校外的实践课堂，如组织参观美术馆、民俗馆、博物馆等，在参观的过程中听引导员的介绍，了解相关艺术作品、民俗风貌和历史文化等，丰富知识、开阔视野，同时，邀请相关的专家名人针对参观主题进行专题讲座，进一步加深学生在校外课堂的学习感受，并且通过形式的丰富和多样化，培养学生对于审美艺术的兴趣，从而加强学生的审美意识，提升高校美育的培育功能。

（三）校园文化和环境

校园文化作为高校教育的重要组成部分，是学生审美素养养成过程中的环境、氛围因素，是最普遍的教育载体。校园文化是指高校师生在教育、教学活动中所创造和形成的精神财富、文化氛围及承载这些精神财富、文化氛围的活动形式和物质形态。校园环境包括了校园的建筑、校园活动场所和所有教学设施设备，它们既是校园文化的物质载体，也是校园文化的重要形式。高校美育蕴于校园文化之中，通过校园的自然景观、人文景观、校园建筑等向学生传递审美感受，提升学生审美意识，提高学生审美能力。校园环境是能够体现高校美育的重要载体。由此可见，高校师生对于美育的认识并不仅局限于教师在课堂上的“你说我听”的知识灌输和审美感受的影响，他们对于美育的认识更加广泛。

高校的优美环境能让学生真实体会到美的真谛。高校美丽的环境中处处有美。环境美、楼体建筑美、舞台美、文字美都是校园环境美的因素，给学生以真实的审美体验。高校利用条幅、板报、橱窗等宣传工具，用一些具有引导性和鼓励性的话语能时时处处提醒学生关注美、认识美。高校开设美术展览馆、图书馆、校史馆等，能供学生欣赏中外名家的优秀作品，了解校园文化的渊源，让学生感受到校园文化之美。

（四）校园文化活动和社会实践活动

校园的各种文化活动是校园文化的重要组成部分，是高校美育的关键途径，也是大学生校园生活的重要方面。高校组织的校园文化活动和社会实践活动能够让学生感受到高校的美育。文化活动和实践活动是最受学生欢迎的美育方式。校园文化活动及实践活动是美育课程之外，对于提升大学生审美意识的重要载体。部分高校开展了丰富多彩的校园活动，如服饰展览、短剧比赛、合唱比赛、征文比赛、文艺晚会、举办画展、音乐会、美学讲座、自律大会、诚信教育、志愿者服务、支教等社会公益活动。学生可以参与其中，切身体会到审美教育的益处。这些形式多样的活动能向大家传递正能量，培养学生优秀的品格和精神，对学生有极好的美育作用。积极的实践活动能够在潜移默化之中将高校美育广泛开展起来，从而使大学生陶冶情操、丰富知识、开阔视野、提升审美修养、提高综合素质。

第三节　高校美育发展问题分析

从我国高校美育现状来看，我国高校美育中仍存在许多问题，这些问题的出现严重阻碍了我国高校美育的发展。

一、认识不到位阻滞了高校美育的发展

认识是行动的先导。高校美育存在的问题首先是由认识上的偏差造成的。其主要表现在以下几个方面。

（一）领导重视程度不够

美育是高校教育工作的一个重要组成部分，但对于国家教育政策所规定的高校美育的内容，不少高校并未全面贯彻落实，只是象征性地开设了一些音乐、美术课程，组织了一些以形式为主的校园艺术文化活动。究其根源，很重要的一点是不少高校领导对此不够重视。而领导忽视美育的原因也有主观、客观两个方面：在主观方面，一些高校领导对美育在教育中的地位、性质、作用的认识及其自身审美素质存在一定的缺欠。在客观方面，近些年来，教育部本科教学评估已经成为促进各高校办学规范化的一个重要机制，而其中尚无明确的美育指标。另外，上级主管部门对各高校的各种专项评估（各个专业的评估、思想政治理论课评估、体育课评估等）中也未见美育的踪影。

（二）教育方针对教育者的误导

第一，中华人民共和国成立后，我国的教育方针几经修订。1957 年，我国制定的教育方针中取消了美育；直到 1999 年，在《中共中央、国务院关于深化教育改革，全面推进素质教育的决定》中才又明确了教育方针中美育的位置。美育在我国教育方针中时隐时现的尴尬境遇使一些教育者形成了一个理解误区：美育处于从属地位甚至可有可无。

第二，不管是德、智、体等全面发展还是德、智、体、美等全面发展的提法，德、智、体总是排在前列，美育即便被加进教育方针中也是位列这三位之后。这在有些教育者那里又形成了另一个误区：德、智、体是教育的三大主体部分，美育只是教育的附属内容，有则锦上添花，无亦无伤大雅。

（三）教育者教育理念的落后

教育者教育理念的落后主要表现在以下两个方面。第一，教育者还没有正确理解素质教育对提高人才全面素质的作用，特别是对创新精神、健全人格的内在作用。他们的教育观念仍停留在应试教育层面，未真正理解到美育对于素质教育的重大意义，所以没有形成正确的教育观念，无法摆正美育的地位。第二，教育者表面上接受了素质教育观念，但对素质教育的性质、美育的性质了解得不深刻、不彻底。最典型也最具普遍性的就是把教授艺术技能课程当成美育，使美育实施的教育内涵及效果打了折扣。

（四）将美育等同于艺术教育

美育就是艺术教育这一观点在我国教育界长期占据重要地位，多数高校以艺术教育作为美育的替身。在一些高校中，所谓的艺术教育又只是音乐课程、美术课程的教育，而且只是偏重于知识和技能的传授。用一个等式来概括，就是美育＝艺术教育＝唱歌＋绘画。然而，美育的范畴远远大于艺术教育的范畴，而艺术教育包含的内容也远不止唱歌和绘画。美育的内涵十分丰富，感性教育与理性教育兼备，又侧重于感性教育、情感教育。在美育中，自然美、社会美、科技美、工艺美等现实美教育也都非常重要。艺术教育并不是美育的全部，更不可能代替其他现实美教育的功效。高校公共艺术教育最重要的宗旨是提高大学生的艺术修养、健全他们的审美心理结构、培养其自由的个性，而不仅仅是停留于艺术知识与艺术技能的掌握。美育与艺术教育可以比喻为部分相交的两个圆，它们有交集，更有自己的空间。把美育等同于艺术教育，又把艺术教育误解成唱歌、绘画，其结果必然导致美育功能被削减，发展受局限，很难实现促进大学生人格完善与全面可持续发展的教育目标。

二、社会功利化倾向阻滞了高校美育的发展

社会存在决定社会意识。对高校美育认识不到位与社会经济、政治和文化的发展状况密切相关。在被社会转型、多元文化影响的社会状态下，人们对美育的认识也必然受到影响。

第一，实用主义思想和功利主义思想使美育在大学教育中受到影响。不少高校盲目追求经济效益，一切从市场需求出发来进行专业设置和定位人才培养的目标，忽视了对大学生人文素质的培养，特别是对于开设美育课程、开展美育实践的投入不够，导致大学美育发展滞后。从现今的高校课程结构来看，许多高校都是将美育类课程，比如将美术欣赏课和音乐欣赏课等列为选修课而非教育部所规定的“限选课”，并且课时很少。从大学生的情况看，他们也受到实用主义思想及功利主义思想的影响，在选课的时候也倾向于选择与将来就业相关的技能培训、从业资格证考试等课程，而对可以提高其审美素质的美育类课程则兴味索然，即使选了也是敷衍了事，起不到美育的作用。

第二，大众文化中的消极面使美育在大学教育中受到影响。大众文化是在市

场经济条件下，兴起于当代都市，并与当代工业密切相关。它以大众传媒为载体，包括在大众中流行的商品广告、网络文化、短信文化、通俗歌曲、通俗文学、言情剧等。大众文化起着改变旧的文化格局，丰富社会大众文化生活的积极作用，但其中的一些负面的价值取向、思想内容等也会产生较为广泛的不良社会效应。大众文化的消极面在很多方面就对高校美育造成了不利影响。例如，大众文化的标准化及模式化的生产方式让大学生难以找到发挥自己想象力的空间，不利于其自由个性和创新精神的培养；大众文化的媚俗性和娱乐性过多地强调感官的愉悦和刺激，而拒绝崇高与理想，回避思考沉重而深刻的问题，影响了大学生审美情趣的提高，不利于大学生形成感性与理性和谐统一的人格。一些文学艺术作品受大众文化功利性的影响，包含大量低俗的内容，导致大学生审美判断能力的弱化，造成大学生价值观念的混乱，危害其健全人格的塑造，降低了其应有的社会责任感。

三、美育师资问题阻滞了高校美育的发展

我国高校开设美育课程已有 30 多年的历史，但其发展进程相当缓慢。目前，美育教师数量不足这一情况在不少高校都存在，并且现有美育师资队伍中，具有良好素质者不多。其客观原因在于课程设置，不少高校不仅把美育等同于公共艺术教育，而且课程设置单调。《全国普通高等学校公共艺术课程指导方案》中明确规定："每个学生在校学习期间，至少要在艺术限定性选修课程中选修 1 门并且通过考核……艺术限定性选修课程包括艺术导论、音乐鉴赏、美术鉴赏、影视鉴赏、戏剧鉴赏、舞蹈鉴赏、书法鉴赏、戏曲鉴赏。"[①] 但现实情况则是不少高校不能开齐 8 门课程。同时，高校从事美育工作的教师大多是艺术类专业的毕业生，对中外美育理论有一定的了解，但其中只有少数教师较系统地学习过相关理论，他们在知识结构、审美素养、理论水平上都相对较差，只是掌握一两门艺术技能（如钢琴、演唱、绘画等），其知识素养功底跟不上当前美育发展的需要。教师的总体美育理论水平有待提高。在主观因素方面，部分美育教师缺乏敬业精神，不能从根本上关心大学生在心理上和思想上的需求。教师授课态度不端正，随意性强，课堂管理不严格，导致学生上课不认真听讲，玩手机、看其他专业书等，没

① 高甄文．高等教育最新法律法规与政策文件汇编：下[M]．北京：华夏教育出版社，2007.

有达到美育应有的教学效果。美育教师数量短缺、专业素质欠佳、责任心不强的现状必然导致高校美育的发展受到阻碍。

四、学生美育自觉性不高阻滞了高校美育的发展

外因是事物变化的条件，内因是事物变化的根据，外因通过内因来发挥作用。学生的自我审美需求是高校美育发展的基础，因而学生美育自觉性的提高对于加强高校美育更是至关重要。在全球化进一步发展、多元文化并存的形势下，审美者需要拥有自我美育能力，才能在审美活动中有意识地自觉区分有利或有害的审美对象，以保护自我、发展自我。大学生具有比较强烈的对美的追求，但是这种普遍的对美的追求却没有带来普遍的美的自觉，主要表现在以下两个方面。

第一，大学生对自我美育能力的发展期望值不高。大学生对于自身素质的期望中，最为迫切和重要的往往是知识和能力方面的素质，如智力发展、专业素质发展等，品德提升也是大学生较为重要的素质期望。但是在大学生的认知中，审美素质相较于知识能力素质而言则没有那么重要，多数大学生缺乏提高自我美育能力的迫切愿望，审美需求层次不高，导致高校美育发展的内在动力不足。

第二，大学生缺乏提高自我美育的自觉行为。随着社会和科技的发展，大学生通过自学获取审美教育的方式有很多种。如阅读美育类书籍、通过网络学习美育知识、参与艺术文化活动、参观艺术类博物馆等。但是实际生活和学习中，大学生自觉接受审美教育的行为却非常少。大学生虽有“爱美之心”，却无“尚美之行”。这反映了大学生对什么是审美素质、审美素质的作用等的认识还比较模糊，没有意识到提高自身审美素质对自身成长、成才的必要性与重要性。同时，也提醒我们要善于把握和引导大学生的审美追求，提高他们的需求层次。

五、理论研究不深入阻滞了高校美育的发展

随着我国高等教育的进一步发展，各高校对美育在大学生成长、成才过程中的重要性的认识不断提高，高校美育的理论和实践也有了一定的发展。然而，不可否认的是，目前高校美育整体的发展水平仍然不令人满意，一个重要的原因就在于高校美育的理论基础还非常薄弱，导致高校美育不能持续健康稳定地发展。作为美育的一个分支的高校美育，其理论研究更是处于起步阶段。大学生对美育

的了解大多数还是停留在较低的层次。现今，很多学生把美育片面地看成是“艺术教育”，甚至有人把美育当成“美术教育”，这些解释都是对美育内涵的片面理解。

高校美育理论研究不深入，是导致高校美育实践出现各种问题的一个重要原因。加强理论研究，用科学的理论来指导高校美育实践，使其与高等教育的发展及高层次人才培养的需求相适应并具有重要的现实意义。

第四节　高校美育发展困境分析

一、当代大学生美育的现实困境

高校美育存在着美育课程设置较少、美育专业师资不足、校园文化缺失等方面的问题，与此同时当代大学生存在审美能力不足、审美价值观偏离等问题。

（一）当代大学生审美能力弱化

1．对美的认知能力的缺失

当代大学生审美能力弱化的第一个方面就是对美的认知能力的缺失，在现实学习与生活中，很多学生对于美的认知是比较模糊的，他们并不知道自己为什么需要去追求审美，有些学生只是为了审美而审美，并不理解其真实含义，他们认为审美只是在观察一个事物的美丽与否。还有一部分学生的审美情感缺乏复杂性和结构化，处于情绪化和感官化的阶段，这限制了他们的审美感受和效果，导致大学生审美情感状态的真空和审美情感的单一、肤浅。实际上，在面对美的事物时，审美感受力实质上是审美活动中审美主体对事物的美的一种比较深层次理解和把握的主观能力，它能够指引着人们发现真正的美。罗丹曾说：“美是到处有的。对于我们的眼睛，不是缺少美，而是缺少发现美。”[①] 确实，在现实生活中，美的场景与事物有很多，但是，在很多时候，由于对美的认知能力的缺失，这些美的场景与事物便被忽视了。大学生作为一个特殊群体，他们的审美观具有一定的独特性，表现为追求新奇、向往美好等方面。在现实生活中，一些大学生对美的理

① 张清华，赵建军．美的代码与意蕴[M]．北京：中国文联出版社，1999．

解过于肤浅，他们错误地认为美的本质在于外表；还有一些大学生虽然知道美有内在和外在的美，但是很少有学生能够系统地认识和理解美。这充分说明，如今的一些大学生在审美过程中只注重事物的表象，而未能深入挖掘事物的本质，因此，他们并没有深入把握住美的内涵和内在本质，在美的认知方面存在着相当大的缺陷。

2. 鉴别美的能力较低

针对大学生来说，他们还存在鉴别美的能力较低的问题。大学生能够准确地辨别何为真正的美，并自觉地抵制那些不符合审美标准的事物，这种能力被称为鉴别美。在实际生活、学习中，有一部分大学生鉴别美的能力较弱，他们缺乏相应的辨别能力。还有一部分大学生虽然有一定的美的鉴别能力，可是审美批判抵制能力不高，当面对一些不好的庸俗的现象时，很容易受到影响，无法自觉地对其进行批判。这些大学生的审美价值观还没有正式形成，因此，对于美的现象缺乏鉴别能力，对于不好的现象的抵制能力也比较弱。

3. 创造美的能力不足

除了对于美的认知能力与鉴别能力比较弱，大学生还存在着创造美的能力不足的问题。所谓创造美，源于大学生对于美的发现、鉴别的规律的深刻理解，并按照这种规律来对身边的事物进行改造，创造美的能力。审美能力包括多个层次，在审美能力中，创造美的能力属于最高的层次。它建立在对美的发现和鉴别之上，彰显了人们对美的认知和辨别能力的高超水平。大学生创造美有多种方式，比如发现新的规律，发明新事物，创造新的生活方式，等等。由于发现美和鉴别美的能力是创造美的基础和前提，而当代大学生在美的发现和鉴别方面仍存在着很多问题，这表明他们尚未完全具备创造美的能力。

（二）当代大学生审美价值观的偏离

所谓审美价值观，就是指一种美丑观，人们对于客观的事物及现象的审美价值的把握，针对某些事物与现象所呈现出的一种观点和立场。当代大学生作为青年中最具代表性的一部分人，其审美价值观的高低将直接决定着社会文明程度的优劣，也将直接影响到国家未来发展的方向。随着 21 世纪的到来，全球化进程不断加速，各种文化思想等不断地进入我国，渗透到人们的日常生活之中。而大学生们的生理与心理还尚未完全发展成熟，他们的三观还没有建立完成，这些外面的文化、思想以及价值观对大学生群体产生了深远的影响。在这种状况下，大学生们原本的思想受到冲击，审美价值观日益变化，逐渐变得越来越消极，审美价值观不断向着个性化、感性化、低俗化的方面偏离。

1. 大学生审美价值观由社会化向个性化偏离

起初，学生们的审美价值观趋向于对主流价值观的认同，这与社会主流价值观和高效的思想政治教育有关。之后，随着社会的发展，全球化氛围的显现，大学生们接触到的新鲜信息越来越多，生活方式也越来越丰富多彩，使得大学生的审美价值观逐渐变得越来越个性化，难以得到统一引导。当代大学生的审美观念呈现出鲜明的个性特色，表现为独具匠心的穿着打扮和文化品位，标新立异，彰显出自我个性的独特魅力。

2. 大学生审美价值观由理性化向感性化偏离

有很大一部分学生过于看重表面的形象，看待事情比较直观而不深入，无法理解事物背后的真实内涵，在进行美的鉴赏时也是如此，他们仅仅注重事物的直观形象，而不进行深入思考，过于感性，无法辨别真正的美与丑，被一些低俗的事物与环境所影响。由于图画比文字更容易传播信息，易被人们所读懂，在当代大学生的阅读方式中，图像和图形已成为主要的阅读内容，网络和电视已成为大学生最为频繁接触的媒介。目前，一些比较出名的名著被光盘化、影视化的情况也越来越多，很多古典艺术和精英文化也正在以图片、图像的方式展现在人们眼前。大学生时常接收到这些形象化的信息，所产生的往往只是浅层次的体验，远不如文字版本来得深入，这容易使得学生们缺乏自我深入思考的能力，甚至使他们放弃自我思考，从而使得他们的审美价值观呈现出一种感性化的特征。

3. 大学生审美价值观由高雅化向低俗化偏离

目前，大学生的审美价值观逐渐向着低俗化偏离，其主要的表现有两种。第一种，在审美对象方面，那些深度的、严肃的、古典的音乐、美术、文学等艺术作品不容易受到大学生的喜欢，相比起它们，大学生们更喜欢那些比较浅显的、通俗易懂的文学、艺术及影视作品。第二种，在审美方式方面，大学生们偏爱那种比较大胆的、直接的审美方式，而并不喜欢那种委婉的、内敛的、深刻的审美方式。

（三）当代大学生美育课程和实践活动的缺失

1.高校美育课程的缺失

高校美育课程的缺失，体现在很多方面，比如美育课程数量较少；美育的课程内容比较枯燥，与时代相脱节；教师师资队伍有待建设；教师教学方法存在问题；等等。下面，对其进行简要分析。

第一，美育课程数量较少。在大部分高校中，美育相关课程主要是通识选修类课程，能够选修上课程的人比较少，导致许多学生无法参与学习，无法满足大学生对于当前美育课程的需要。而且，大多数高校的教师也没有意识到美育教育在高等教育中的重要性，对美育课程缺乏足够重视，这也是导致学校美育课程数量较少的原因。

第二，美育课程内容比较枯燥。美育课程的内容缺乏吸引力，未能跟上时代的步伐，远远落后于其他国家，甚至缺乏适应学生需求的美育教材。大多数学校对美育课程重视不够，高校美育课程所需的教材、课程内容等都已经过时，教师所讲授的内容也没有及时更新，这就使得上课时所讲授的内容比较空洞、乏味，学生们也提不起兴趣。

第三，在美育领域，由于一些学校对其不重视，师资队伍建设不强，高校美育课程自然存在一些问题。

第四，一些高校美育教师的教学方法和课程形式已经过时，缺乏创新。但有一些教师仍然采用传统的灌输式教学来教育学生，这自然无法吸引学生，学生与教师之间缺乏交流沟通不利于美育课程的顺利实施。

2.美育实践活动的缺失

在美育实践活动方面，也存在着一定的缺失。高校美育实践活动，就是指高校美育课程之外的能够进行美育实施的重要途径，对于提升大学生的审美意识有着十分重要的作用，它包含校园文化活动和社会实践活动等。这些活动不仅是美育课程的补充，更是提高大学生审美意识的重要媒介。

但是，目前的高校美育实践活动并未充分发挥其应有的作用，主要体现在以下三个方面。

（1）校园文化活动“功利化”

校园文化活动，有辩论赛、足球赛、篮球赛、演唱比赛、英语口语大赛等等，这些校园活动最初开展的目的主要是锻炼学生的某项技能，培养学生的合作意识与团队精神，培养学生的竞争意识，培养学生坚持不懈、迎难而上的良好品质等。作为校园文化的具体体现，校园文化活动具备十分显著的审美教育功能，然而，当前一些校园文化活动已经逐渐呈现出功利主义的趋势。比如，一些学生为了获得胜利采取一些不正义的手段，或者在比赛结果不达预期时与对方发生冲突，有的院系还会邀请外援来获得胜利，等等。随着这些不良现象的发生，现在校园文化活动的美育功能越来越弱化，许多大学生对参加校园文化活动感到厌倦甚至反感。另外，在一些能够较好地展现美育功能的校园文化活动中，其活动形式往往也会受到限制，不能更好地进行活动的创新，从而未能充分发挥校园文化活动的美育功能。

（2）高校美育意识“薄弱化”

在高校中，高校美育课堂之外，校园文化活动是学生的第二课堂，与第一课堂一样，校园文化活动也发挥着很重要的育人功能。然而，当前高校人才培养目标的功利化倾向，使得高校的美育功能变得越来越薄弱。大学生们十分渴望丰富多彩的校园文化活动和社会实践，并期望通过这些方式来加强自己的审美能力。由于高校美育意识的欠缺，高校对于学生的审美意识和审美素养的培养的目标也十分缺乏，并未在校园文化活动中融入美育的相关理念，这是高校美育意识薄弱所带来的必然问题。同时，由于高校美育意识的弱化，这也使得当前大学生审美素质低下等一系列现象发生，从而直接影响到我国高等教育质量的提高以及高素质创新型人才的培养。因此，在高校美育实践活动中，目前大学生的审美意识与审美素养提升面临的现实困境就是高校的人才培养目标比较功利化，这也就使得高校美育意识“薄弱化”，无法较好地实现对学生的审美意识与审美素养的提升。

（3）审美教育“专业化”

蔡元培先生曾指出：“由普通教育转到专门教育，从此关乎美育的学科，都成为单纯的进行了。爱音乐的进音乐学校；爱建筑、雕刻、图画的进美术学校；爱演剧的进戏剧学校；爱文学的进大学文科；爱别种科学的进了别的专科了。但是，每个学校的建筑、陈列品，都要合乎美育的条件；可以时时举行辩论会、音乐会、成绩展览会、各种纪念会等，都可以利用它来行普及的美育。”[①] 蔡元培先生已经

① 蔡元培．中国伦理学史[M]．北京：中国书籍出版社，2020．

意识到艺术由普通教育向专门教育转化进而所带来的美育专业化，导致美育普遍性将逐渐丧失其弊端。部分大学生认为美育是艺术类学生的事，非艺术类学生没有必要实施美育，也有学生认为在艺术分科之后，可以通过别的方面来进行美育，如通过校园文化活动和社会实践活动等。有一些高校由于艺术的分科，忽略了非艺术类专业的美育工作，从而在进行校园文化活动时并未将美育考虑其中，忽视了校园文化活动和社会实践活动的美育功能，造成了美育实践活动的缺失。

二、当代大学生美育困境的原因

本章基于对当代大学生美育总体现状和现实问题的分析，明确了大学生美育的发展困境，并对大学生美育困境的原因作了科学分析，深化了对当代大学生美育问题的把握和理解。

（一）大众文化对当代大学生审美认知的影响

所谓大众文化，本质上是一种市民文化，它与当代的大工业生产有着十分密切的联系，它以大众媒介为手段，以全球化的网络、电子作为传播媒介，是一种大批量生产的当代文化形态。它能够按照商品规律运作为普通市民提供日常愉悦的感性体验，具有多种特征，比如娱乐性、商业性、大众媒介性、流行性等等。

目前，随着社会的发展，我国的经济状况越来越好，人们的生活也越来越幸福，这时候，简单的物质方面的物品已经无法满足人们的需求了，人们对于精神方面的需求越来越高。这种能够满足人们的物质需要与精神需要的产品便是“消费品”，这些市场上的消费品不仅有食物、衣物、交通、住宿等各方面的物品，还包括一些经典的文化、艺术产品等等。随着消费时代的到来，文化的重心已经逐渐开始从思想精英型向消费大众型转变，这种转变给大众带来了一种前所未有的体验与审美趣味，大众文化比较感性、直观、通俗易懂，因此，大众能够更好地接受它，人们能够感受到感性欢乐，审美不再是精英的特权，大众也开始拥有了个体审美的权利。但是，大众文化在极大地丰富和拓展着我们的日常生活方式的同时，也对我们传统的审美价值观念造成强烈的冲击和挑战，产生出一些问题。比如，大众文化中存在着一些比较庸俗的审美内容、比较感性的审美情感问题等等，长期接触到这些内容，人们的审美认知就会受到影响，不利于审美能力的培养，也不利于审美价值观的形成，久而久之，人们还可能会对那些经典的、高雅的艺术产生怀疑，会对他们的审美能力的发展产生十分严重的影响。大众文化的主要受众就是大学生群体，针对大众文化来说，大学生美育困境主要有两方面原因，下面进行简要叙述。

1. 非理性审美行为对当代大学生审美认知的影响

在当今普遍崇尚审美和权威的社会背景下，大学生在其文化生活中常常表现出一些极端和非理性的行为。比如，在日常生活中，大学生比较喜欢在直观的、轻松的、感性的氛围之中来审视、感受美，他们认为美就是应该是令人愉悦的，令人欢乐的。由于大众文化的媒介性比较强，这种不好的现象和行为很快地被传播到各地，容易给人们造成误导，影响人们的正确的审美价值观。例如，部分青年学生在网络世界里沉溺于各种色情、暴力、迷信等文化信息，而不去关注现实生活。无论是对广大民众，还是对那些深受大众传媒影响的、心智并不完善的大学生群体来说，都对其产生了极为不利的影响。另外还有部分大学生的审美认知能力与辨别能力比较弱，当他们面对这些不好的行为的时候，可能会对其进行追捧和模仿，这种不良、庸俗的大众文化对大学生的审美认知力和审美价值观的培养与形成都起到了很大的负面作用。

2. 平庸化审美行为对当代大学生审美认知的影响

随着大众文化的过度发展，人们对日常生活的审美态度也随之发生了变化，越来越多的艺术品质渗透到了大众的日常生活中，原本平凡甚至粗俗的日常客观事物被赋予了审美特性。赋予日常生活中的普通客观事物以审美特性，这导致了一种审美的转变，即从以前的传统高雅趣味向现代大众审美风俗的演变，相比起以前，现在的审美风俗更加强调直观感受和感性体验。不得不说，在适应现代文化生活的变化和节奏方面，平庸化审美具有更高的适应性。但是，如果过度地关注审美的生活化与日常化，就很容易会使得感性膨胀，非常容易出现审美疲劳，而且，也不容易回归到高雅、传统、纯粹的审美之中。

当前，大学生的审美认知受到了平庸化审美行为的深刻影响，他们过分强调现实美和生活美，过分地重视物质化、感性化的审美，对于校园中的审美教育进行忽视，对于基本的美学理论和审美素养掌握较少，这些都不利于他们建立正确的审美价值观，对大学生的审美认知产生了不利影响。

（二）知识教育对当代大学生美育教育的影响

现代教育倡导的教育目标理念是提升学生的综合素质，实现学生的全面发展。简言之，就是要实现学生德、智、体、美、劳全面发展。《国家中长期教育改革和发展规划纲要（2010—2020年）》也明确提出了“树立全面发展观念，努力造就德智体美全面发展的高素质人才”①。教育是培养人的社会活动，其根本任务是育人。美育作为教育的一个重要组成部分，在培养人全面发展的方面，起着其他学科无法替代的作用。通过美育能够培养学生的审美能力和审美价值观，帮助学生建立健康的心理结构和高效的知识结构，塑造完美、理想人格，使学生最终走向自由而全面的发展。然而，由于应试选拔机制等因素，在高校教育实践过程中，智育至上、知识至上依旧被推崇，知识教育是智育至上理念下教育实践中最主要的教育方式。

1. 灌输式的知识教育将大学生美育理论知识化、肤浅化

目前，在美育课堂中，仍然还存在着灌输式的教育方式，这不利于学生美育知识的理解与学习。所谓灌输式的知识教育，顾名思义，学生是受体容器，教师将所有的知识理论内容都灌输到学生的大脑中，学生并不是主动地参与学习，而是被动接受知识。这种教育模式导致学生对于美的感受仅仅是一种形式上的感知，并没有理解其中所蕴含的丰富情感，甚至会认为美就是美丽的外表或华丽的装饰，与自己无关。在灌输式教育之下，教师将美育与美学理论知识教育相等同，将其作为一种智力培育，将美育教学看得过于简单、肤浅，自然而然地，学生也就会忽视美育的相关内涵，轻视于它。在美育课堂中，学生只是被动地接收了美育的相关理论知识，并没有深入理解，其审美能力没有得到提升，审美价值观无法正确形成。所以，可以说，灌输式的知识教育将大学生美育理论知识化、肤浅化，它并不是一种好的美育教学方式。

2. 唯科学的知识教育将大学生美育内容固化

所谓唯科学，就是指唯科学知识，在教育过程中，将科学知识作为全部教育内容，唯科学知识教育的唯一目的就是促进人的理性发展，以科学理性来对教育进行评价。这种唯科学的知识教育对于理性比较重视，对于感性则比较忽视，它

① 共青团上海市委员会．创新转型与当代青年 2011上海青年发展报告[M]．上海：上海人民出版社，2012.

过分地放大了科学、技术、理性等的作用，忽视了对人的精神力量的培养。

在审美教育中，唯科学的知识教育对于大学生审美教育所需的感性过于忽视，而对于理性则过于强调，这种教育方式不利于审美教育的进行，会使得学校和学生都会比较忽视美育，从而导致大学生的美育内容逐渐变得僵化。随着时间的推移，大学生对于审美的直观和感性认知逐渐消失，这导致了他们对于审美的热情逐渐减弱。同时由于社会文化环境的影响，高校中一些消极落后的思想及不正确的价值导向，致使部分大学生缺乏对美的鉴赏能力，审美情趣低下。由于多种因素的影响，大学生的精神生活缺乏活力、情感淡漠、感知能力下降，这些都对大学生健康人格的塑造产生了不利影响，同时对于大学生的全面成长也是一个重大阻碍。

（三）高校教育机制对当代大学生美育途径的影响

大学生美育的最主要的场所就是高校，高校美育是美育教育的一个十分重要的环节。教育作为一种特殊的社会实践活动，其运行机制必须符合一定的规律才能实现有效运转。教育机制是教育现象的各个组成部分之间的相互作用及其运作方式，包括教育载体的构建、教育方法的创新、教育效果的呈现，以及在教育运行过程中各种教育现象的相互协调和协同共进。其中，高等教育与社会文化环境有着千丝万缕的联系，而学校作为高等教育系统中最为核心的环节，其内部各种组织机构的设置直接决定了大学能否有效地进行美育实践活动。特定的教育机制是高校教育运行的基础，而大学生美育则是高校育人体系中不可或缺的重要组成部分，因此，高校教育机制对大学生美育教育的开展和运行产生了相当大的影响与制约作用。

目前，在人才培养目标方面，高校教育越来越趋近于“功利化”，比如，在专业课程方面比较注重于对学生的知识、技能以及个人素养等智育层面的培养，并将其作为最终结果的评价衡量标准。而美育属于审美的教育，对于现实生活中的功利比较看淡，正是由于如此，在高校“功利化”人才培养目标情况下，美育往往会被忽视，因此，高校教育中美育教育往往比较薄弱。这种高校教育机制对于大学生美育教育有着不利影响，无法有力保障大学生美育教育地顺利开展，不利于学生的综合发展。

1. 大学生美育意识陷入误区

目前，在美育教育中，存在着一些误区，美育应当是独立的，尽管它与艺术教育有相同之处，但是这并不代表着二者等同，同理，美育也不是德育的一部分。艺术教育只是美育的一种主要手段，大学生的审美教育所涵盖的领域和内容极为广泛，仅仅把它看作艺术教育就太过于狭隘了。另外，美育和德育在很多方面都是不同的，比如教育目标、教育方法、教育内容等等，它们是相互独立的教育方式，彼此之间并不存在任何形式的附属关系。这些高校美育教学机制中存在观念误区，将德育、艺术教育等与之相混淆，这主要是因为缺乏美育导向，未能帮助大学生树立正确的美育意识，因此，在大学生美育教育中才会很容易出现这些问题，大学生美育的独特实践路径模糊不清，大学生美育的特定功能被弱化，发展缓慢，从而使得大学生的美育意识陷入更加模糊的误区。

2. 大学生美育常规途径的缺失

大学生美育教育的主要场所就是学校，在学校中，美育课堂教学是一种最为普遍且常规的方式。美育课堂教学具有针对性强、内容丰富等特点。美育课堂教学是提升学生审美素养的最有效、最直接的途径，为学生的审美素养注入了源源不断的活力。随着社会经济与文化发展对高素质人才培养要求的提高，越来越多的高校把开展美育课堂作为培养素质教育的重要途径之一，并将其列入教学计划之中。然而，我国除少数主要艺术类院校外，其他高校对于美育课程的重视程度相对较低。有些高校虽然提供了公选课，但其课程设置相对较少，难以满足学生的要求。这种情况的发生与高校教育人才的培养导向和运行机制密切相关。此外，由于社会环境的影响，当代大学生对美的认识存在一定偏差，审美能力较薄弱，部分高校美育课堂效果不佳。另外，由于大学生美育课程的设置存在一些不规范，在美育教育过程中，课堂教学可能并没有发挥出它原有的作用或者只是发挥了很少的一部分作用。同时，美育课堂的内容过于陈旧单一、枯燥乏味，使学生对美育学习兴趣大大降低。此外，教师在课堂教学中扮演着至关重要的角色，然而当前高校普遍缺乏专业的美育教师，师资队伍十分匮乏，甚至有些高校教师对于审美的基本素养不高，审美价值取向不端正，无法帮助学生树立正确的审美价值观，从而影响了美育课堂教学的质量，使得高校审美教育收效甚微，这都不利于大学生美育的顺利进行。

第四章　高校美育实践

对高校美育实践的不同方面进行分析研究能帮助我们了解高校现有的美育方法与内容，为高校美育实践创新提供方向和思路。本章为高校美育实践，主要介绍了高校音乐美育实践、高校舞蹈美育实践、高校文学美育实践等内容。

第一节　高校音乐美育实践

一、高校音乐美育的内涵

作为高校美育工作者，必须对高校音乐美育的内涵有一个科学、全面的认识，并达成共识，才能更好地发挥音乐美育在高校教育的过程中的重要作用。

（一）高校音乐美育本质的界定

高校音乐美育是有目的、有计划、有组织地通过音乐艺术内容，按照音乐美的规律对学生进行全方位的音乐审美教育，以促进人的素质全面、自由、和谐发展的教育活动。音乐美育与音乐教育二者不能等同。音乐教育更注重对音乐理论的系统讲授，如基本乐理、作曲理论、音乐史论，以及表演技巧的知识传授和循序渐进的操作训练等。这些知识理论的传播，往往采用说理、灌输等手段。对学生来说，带有一定的强制性和被动性。而音乐美育的方法则自由、灵活得多。可以说，音乐美育本身就是追求舒展、愉快、自由、和谐的内容，它的实施，旨在使学生从音乐审美中获得极大的精神愉悦和满足，在潜移默化中受到美的熏陶、提纯和教育。

（二）高校音乐美育的目的和任务

高校音乐美育的目的和任务是由高校音乐美育的本质所决定的。高校音乐美育不是狭义的“技艺性”教育，不应局限于培养训练学生的音乐才能和技巧，也不在于培养少数几个歌唱家、演奏家、作曲家，它的最终目的应是培养学生成为具有完善和谐个性的人。因此，高校音乐美育不应仅着眼于音乐本身，还应注重开发学生的智力，培养学生的高尚情操，最终实现学生的审美心理结构的建构，从而使其身心获得健康的发展。

高校音乐美育的任务是使学生了解和掌握马克思主义的音乐美育的基本原理，提高音乐文化审美水平，加强音乐审美修养，树立正确的音乐审美观念和高尚的音乐审美理想，进一步提高他们的音乐审美素质和整体的音乐审美判断能力，陶冶他们的情操，完善其个性，培养健康、高尚的音乐审美情趣。通过对音乐作品的感受、体验、领悟，激发他们的表现欲望和创作热情，使他们能够参与创造美的活动，丰富精神生活。

（三）高校音乐美育实施的原则

高校音乐美育的实施原则应根据我国社会主义教育方针、教育纲领、教育目标和音乐美育实施过程的一般规律，以辩证唯物主义的美学原理、艺术美育原理、音乐教育学原理、音乐心理学原理以及音乐审美学原理为基础提出。高校音乐美育实施的原则如下：第一，要坚持德、智、体、美等诸育统一的原则；第二，坚持理论与实践统一的原则；第三，坚持情感与认识相统一的原则；第四，坚持审美主体与审美客体相适应的原则。

二、高校音乐美育的价值

音乐美育是音乐的审美教育。它的价值观基于社会共同体的个人、主体的需要。人们通常从能否满足以及如何满足主体的需要，来考察和评价音乐审美教育。

（一）音乐美育的社会发展价值

自有人类社会以来，人们就爱好美、追求美。远在原始社会的旧石器时代，北京周口店山顶洞人，就曾用穿孔的石珠、海贝、兽牙做装饰品；新石器时代的西安半坡遗址，就有“陶哨”，作为乐器演奏。在那时，已创造了许多反映狩猎活动和与大自然作斗争的乐舞。尽管那时的音乐十分简单，但已能表达一定的思想内容。以上这些，都生动地反映了人们朴素的美的意识和对美的追求。随着社会生产和历史的发展，在现代社会生活中，美与人的关系就更为密切了。

1. 音乐美育是推动社会文明的有力手段之一

关于音乐美育的社会功能，长期以来有两种对立的意见争论不休。对美育的社会功能持否定态度的，在中国以墨子、老子、庄子为代表，在西方以柏拉图和卢梭为代表。墨子主张“非乐”，认为艺术不合圣王之事，不合万民之利[①]。老子、庄子主张自然无为，认为文学艺术都是人为的，所以要反对。老子说“五色令人目盲，五音令人耳聋，五味令人口爽”[②]，所以应该否定它。庄子讲“灭质，博溺心，然后民始惑乱，无以反其性情而复其初”[③]。西方的柏拉图否定美育的社会功能，认为诗和艺术都是对社会有害的，因而要将诗人和艺术家驱逐出“理想国”，只有颂神和赞美好人的诗歌才能进入国境。卢梭否认美和艺术的意义，认为它的产生和流传，是出于人类的罪恶[④]。肯定美育具有社会功能的，在中国以孔子和荀子等为代表，在西方以亚里士多德和席勒为代表。孔子十分重视音乐艺术的作用，认为音乐可以感化人心、移风易俗。荀子反对墨子的“非乐”，进一步发挥孔子的观点，认为乐教具有美政、美人、美俗等社会功能，并且是治国的重要手段。亚里士多德反对柏拉图的观点，在《政治学》中提出，音乐的功能有教育、净化、精神享受三方面的作用。席勒正式提出美育，指出美育有助于人的精神解放和完美人性的形成，强调美育可以改变社会，实现真正的精神自由。[⑤]

在人类由蒙昧时代、野蛮时代进入文明时代的历程中，音乐美育起着至关重要的作用。而工业生产的发展和文化艺术的繁荣，又为审美教育提供了物质条件，开拓了广阔的发展前景。但在阶级对立的社会，现代文明是建立在私有制的基础之上的，劳动者虽然创造出无比丰富的物质财富和精神财富，自己却变成了畸形发展的人，被剥夺了接受审美教育、享受艺术和美的权利。剥削阶级文明与音乐美育在一定意义上是对立的。社会主义文明是人类文明发展的一个崭新阶段，它是以生产资料公有制为基础的，劳动人民成了社会的主人，音乐美育对于培养全面发展的一代新人，对于推进物质文明和精神文明建设起到了前所未有的重要作

① 徐希茅．音乐美育 [M]. 上海：上海教育出版社，2001.

② 南怀瑾．老庄中的名言智慧 [M]. 上海：上海人民出版社，2019.

③ 庄周．庄子详解 [M]. 宁志荣译．太原：三晋出版社，2019.

④ 徐希茅．音乐美育 [M]. 上海：上海教育出版社，2001.

⑤ 亚里士多德．政治学 [M]. 陈虹秀译．陕西：陕西师范大学出版总社有限公司，2022.

用。今天，音乐美育在社会主义精神文明建设中发挥着重要作用，我们音乐美育工作者应继续坚持以马克思主义为指导，紧密联系社会主义建设和受教育者的思想，并与德育、智育、体育有机地结合起来，发挥其“寓教于乐”的特殊功能，帮助人们树立正确的人生观、审美观，进一步推动社会主义精神文明的建设。

2. 音乐美育是进行社会理想教育的手段之一

社会理想，是人们对某种社会生活的向往与追求。不同时代、不同阶级，具有不同的社会理想。审美理想是社会理想在审美活动中的反映和表现。音乐美育，在实施中也以审美理想作为指导和根据，其中必然包含着社会理想的内涵。社会理想是人类社会进步的标志。进步阶级总是能够提出高于现实社会又有可能在将来实现的社会理想。

音乐美育是进行社会理想教育有力且有效的手段。一部优秀的音乐作品，可以激励人们奋勇进取，树立起崇高的社会理想。音乐美育通过音乐美去感化人，进行理想教育。由于音乐结构中的情感内容仅仅是一种总体上的精神特征，是民族、时代以及富于个性的艺术家对于某个特定的事件所反映出来的一种概括性的精神内容，因此，音乐只能体现在以总体的精神特征给予人们某种抽象的社会需求的满足上。音乐不是直接地通过自己的音响运动向人们展示引起政治、理想、道德、宗教等功能的社会内容，而是依靠审美主体对它的想象和联想去达到的。

3. 人类社会的发展，使音乐美育进一步完善

社会的发展，为音乐美育提供了先进的物质条件。音乐美育的深入，又极大地推动着社会的发展。音乐美育渗透到生产、活动的各个领域，人们都在一定的社会环境中生活，随时随地、有形无形地都在受到美的影响、熏陶和教育。音乐美育与社会发展紧密相关、相互作用。

原始社会音乐审美意识的形成，首先是从人的劳动与工具的制作和使用开始的。最初作为生产工具使用的拟音器，经长期使用，潜移默化地开发了人的音乐智能，培养了人的音高感、音色感以及音程感。这说明原始人已开始开发音乐听觉感知力。考古的文化分析表明，骨笛的应用与原始宗教和巫术礼仪活动有关。从社会文化学角度看，骨笛很可能是一种具有礼器功能的乐器。在祭祀乐舞活动中，注重以乐声来达到沟通鬼神、天地的目的，是商代音乐文化意识中一个比较突出的特点。社会的发展，为商代音乐中大规模的合奏创造了条件。周代的审美

意识渗透于雅乐活动之中，并在礼乐制度、礼乐思想及其具体实施过程体现出来。春秋时期，在社会意识形态领域，诸子百家竞相展开争鸣，这一时期的音乐思想奠定了整个古代社会音乐美育思想发展的基础。在广阔的社会生活背景下，先秦诸子的音乐美育思想从哲学的、社会学的、伦理学的乃至心理学的角度展开了充分的论述。孔子作为奴隶制和封建制交替时代的思想家，他所创立的儒学的核心就是“仁”。孔子提出的“仁”，是企望通过对“仁”的精神的发扬，实现他追求和崇奉的理想社会制度。在近代，中国的音乐美育思想是比较丰富的，重要的美育思想家有梁启超、王国维和蔡元培。蔡元培的以美育代宗教，是社会科学发展之必然，是顺应历史的发展趋势的。随着时代的进步，音乐美育思想得以不断地深化发展。

在西方雅典等城邦，人们创造了与生产力水平及民主制度相适应的物质文明和精神文明，为高度繁荣的文化教育事业提供了极为有利的条件。特别是在公元前 5 世纪前后，雅典达到了它的黄金时代，即所谓伯理克里执政时期，其政治、经济、文化、科学、艺术都得到了空前的发展，因此，培养出类拔萃的人就成了那个时代的要求。古希腊罗马时期，造就了一批哲学家、思想家、美育家，像柏拉图、亚里士多德、贺拉斯等。西方中世纪的音乐美育，主要是在宗教领域中进行。由于教会需要利用音乐影响人的心理，为宗教活动服务，所以，音乐在整个中世纪的教会艺术中一直受到特别的关照。当时不少的哲学家、教会僧侣，在对教义乃至音乐的阐述中，发表了不少关于音乐美育理论的见解和观点。近代西方，从 18 世纪末到 19 世纪初，形成了以康德、黑格尔为代表的德国美学，标志着西方美学发展的高峰。而美育作为美学的必然产物，在这个时期，也从经验的、分散的描述发展为理论的系统科学。德国剧作家、诗人、美育家席勒写下了作为第一部“美育宣言书”的《美育书简》，明确地提出了德、智、体、美四育的概念。19 世纪中叶以后，西方资本主义国家先后完成了工业革命，工业的现代化促进了音乐艺术的迅速发展，特别是对音乐美育有着广泛而深刻的影响。

（二）高校音乐美育的价值系统

1. 高校音乐美育在提高人类审美文化中的价值

高校音乐美育作为社会文化的一个系统，有它特殊的效能。人类的社会生活实践，主要是生产劳动实践，与审美文化活动紧密相连。其表现方式有三种：第一，如劳动审美学，它是实践活动的审美文化；第二，业余活动中的审美文化；第三，文学艺术的审美文化。高校音乐美育的社会文化功能还体现在社会生活的表征功能方面。审美文化是人的本质力量的表现，也是人们社会生活的表征。它既是人们社会生活情态的表征，又是人们社会心理、时代精神的表征。高校音乐美育还体现了社会生活的团聚功能。审美文化在社会生活中能起到沟通人际关系的作用，并具有信息传播的功能。因为审美文化是一种大众化的传播手段，也是社会生活中传播信息的一种重要手段。高校音乐美育能促进审美文化的发展，对社会生活产生重要的作用。

2. 高校音乐美育在精神与物质生产中的价值

音乐通过与非音乐因素的结合，可体现一定时代的阶级、民族的社会意识。如《马赛曲》《英雄交响曲》和我国的《义勇军进行曲》《保卫黄河》等，都是以强烈的感染力鼓舞人民的斗志的。

美学家斯托洛维奇在分析宗教与艺术的关系时指出："如果人类的艺术发展可以没有宗教的神圣化，那么宗教没有艺术活动作为它的侍从就从来不会存在。"① 可见，宗教是离不开音乐的。音乐物质材料的某些超自然性、抽象性与模糊性，最能体现宗教的神秘性、象征性。在高校音乐美育中，音乐可作为人与神沟通、交流的中介。

高校音乐美育可使人全面了解整体艺术。音乐具有一种对一切艺术与科学的神奇亲和力。因为一切艺术都趋向于音乐。诗的语言与音乐的品质密不可分，音乐美是诗人十分重视的表现因素。建筑是凝固的音乐，舞蹈是可见的音乐，电影是光的音乐，音乐美育能使人在艺术殿堂里自由翱翔。

音乐，在人类物质生产与创造中，可以满足人们生产的承续和发展的某些需求。因此，音乐美育在人类的物质创造中也具有重要价值。如各民族的民歌，有涉及田野操作的劳动技能的歌曲。此外，人们在集体劳动中演唱劳动歌曲，可以协调劳动节奏，统一劳动程序，激发生产热情与干劲，缓解单调、繁重的劳作所形成的心理压力与体能消耗。可见，音乐美育的价值，体现于人类在精神生产与物质生产中的方方面面。

① 刘创，黄皓华，王桂芹，等．音乐之美 音乐艺术鉴赏[M]. 上海：上海交通大学出版社，2015.

三、高校音乐美育的实践方式与重点

每一位教育者都应该明白审美能力的培养是音乐教育的一个重要组成部分，并在教学过程中，始终把握好审美特征，进行教学设计。高校音乐美育要把审美感知力、审美直觉力、审美联想、审美想象、审美评价贯穿在音乐教育的始终。审美感知力和审美直觉力的培养是以听觉体验的积累为基础的，正如刘勰所说："凡操千曲而后晓声，观千剑而后识器"①。

第一，教师要选择那些经过历史检验的、经典的、音乐质量高的音乐作品作为听的材料。康德说："艺术不是靠理论说明而是靠范本在发挥作用。"②康德在谈到艺术鉴赏力的培养时也指出："鉴赏力不是靠观赏中等作品而是要靠观赏最好作品才能培养成的。所以我是让你看最好的作品，等你在最好的作品中打下牢固的基础，你就有了用来衡量其他作品的标准，估价不至于高，而是恰如其分。"③

第二，教师要引导学生学会聆听。教学过程中常见的教学方式就是多次聆听。在此过程中，应该按音乐构成要素、节奏、拍子、旋律、音程、和弦、调式、音色力度等，引导学生有所侧重地进行感知，努力启发学生的思维。可以通过实际音响，结合讲解概念，并根据学生不同的年龄阶段的特点，组织教学，但仍应以训练学生感知音乐的情感状态、律动的紧张度和起伏状态的敏锐感受力为主。让感知过程与行为过程、思维过程相统一。在这种过程中，注意不要让学生在音乐中去寻找概念，去找寻与现实生活中的对应物。歌德说过："音乐的基本任务不在于反映出客观事物，而在于反映出最内在的自我。"④

第三，教师要在教学过程中，强调审美与技术的同步发展，发展学生的音乐审美意识和音乐质量意识，规范使用客观的术语描述音乐，减少主观的词语，如抒情的、忧伤的等，因为这种主观词语的运用，对发展学生对音乐要素变化的敏感性、注意力有阻碍作用，这便要求教师具备这种能力。否则，审美的评判将难以深入具体地进行。

---

① 郭弟强，李霞，毕凤霞，等．艺术与审美养成[M]. 北京：科技文献出版社，2015.

② 康德．判断力批判[M]. 韦卓民译．北京：商务印书馆，2017.

③ 徐希茅．音乐与音乐教师教育研究[M]. 北京：中国文联出版社，2007.

④ 邱健．音乐哲学：对历史结构主义的重思[M]. 北京：商务印书馆，2018.

（一）音乐要素的审美感知教学

在日常音乐教学中，一提到欣赏，便自然联想到的是老师放音乐给学生一遍一遍地听，中间再插讲一些作曲家的生平、乐曲的解释等。这些做法应该说没有错，音乐审美感知的关键就是要多听。但问题是，对于音乐审美教育来讲，如果讲究情感感知的教学只停留在讲解上，讲究技术的教学只限在技术分析层面，就难以把学生引入审美内涵中去。音乐要素的审美感知教学应从以下几个方面进行。

1. 旋律线的审美感知特性

音乐美育作为审美感知的教育，重要的是让学生能领悟到旋律线的组织和质量，并能通过领悟唤起情感反应。在一段乐曲中，渐强渐弱的演奏处理，旋律进行中的附点节奏与同音重复的结合，切分音的偶尔出现，弦乐的音色等因素都能让学生产生审美感知。

至于教学中对音乐的审美感受的细致程度，要根据学生的知识水平而定，但应始终抓住学生在听音乐过程中的情感上和意识上的反映这一重要环节，引导他们进入审美感知中。上述那些能引起情感反应的因素在学生的感知过程中会有各种不同反应。教师要善于把学生引入大范围的统一感知上来，并引导学生不要轻易认定别人的感悟，而是通过自己的仔细聆听形成自己独有的感受，全神贯注地把握住旋律进行中的一般表情特征。只有这样，才能启动音乐思维，开启沉寂的知觉，提高感知和审美的敏锐性和音乐思维的流畅性。

旋律线是由同音重复、级进、跳进、上行、下行、环绕以及波浪形组成的。旋律进行的一般表情特征如下。第一，重复的表情特征是强调、保持，连续地重复则有力度和紧张度不断增长的表情能力，例如，通过感知冼星海的《怒吼吧，黄河》结束片段，就可以领略到这种表情能力。第二，级进具有如歌抒情的表情力，是形成旋律线流畅的基础。在亨德尔的《广板》中，我们能领悟到级进带给旋律的华美流畅所形成的和谐而朴雅的美。第三，跳进则显示出个性，可形成戏剧性的、活泼性的、对比的表情能力。例如，从《我爱你中国》开头的旋律线中可感悟到热情奔放的情绪，从萨拉萨蒂的《流浪者之歌》的旋律线中可感悟到大跳的运用，把吉普赛女郎那独特的舞姿和精神气质描绘得惟妙惟肖。第四，上行特别是连续的上行运动，具有不稳定性和力量增强的表情能力，下行具有稳定性和松弛感。第五，环绕是指大的旋律线的形态而言，它具有内在细腻，富有韵味的表情能力。在这方面，作曲家王酩运用得非常独到，他的不少歌曲，如《祖国我的父母之邦》、电影《知音》主题歌等，都是运用环绕旋律线的典范之作。第六，波浪形的旋律具有感情起伏大、富有变化或戏剧性的表情能力，如《我爱你中国》的引子旋律。

上述旋律线的进行方式和表情能力，应作为我们直接引入音乐感知的一种渠道，去领悟旋律线的内蕴美，而不应成为肢解音乐和图解音乐内容的阐述手段。教师要防止学生用对音乐的认识代替对音乐的感知。

2. 节奏的审美感知特性

节奏作为音乐作品的重要构成因素，有着生动而变化丰富的表情能力，它能赋予我们富有生命力的各种感受。在音乐美育过程中，谁能随着节奏的脉动而动、能对节奏的细微变化有敏锐感知力，那他就真正成为进入音乐审美层面的人。

音乐中的节奏元素是各种不同时值的音符，有正常的可等分的全音符、二分音符、四分音符、八分音符、十六分音符等，有各种时值的休止符和附点音符。

长的时值给人以重量感和宽广性，短的时值给人以紧张感和轻飘感，音乐中各种不同表现力的节奏，就是由这一些基本元素构成的。

通常人们把具有一定特性的节奏叫节奏型。正是各种不同的节奏型把各个不同民族、各个时代、各个地域的思维特征、文化心理状态和审美追求反映在音乐中，所以人们称节奏是音乐的骨骼，是赋予音乐生命的要素。它与人的生命律动具有同形同构的关系。

如何对节奏进行审美感知呢？这要从微观、中观至宏观来考察。从微观上讲，要仔细体验每种节奏型的表情意象。从中观上看，则要体会句法的节奏和曲式节奏的律动，长句法的节奏具有辽阔、抒情的气质，等长的循环句法节奏具有平衡、起伏变化不大的基本特性，不等长、不规则的句法节奏则具有戏剧性和强刺激性的表情特性。从宏观上看，即要求从大文化的角度来感知把握，从整个乐曲节奏布局来把握。大文化的角度是指民族的特性节奏、作曲家的个性节奏等。

整体节奏布局，则要努力去感知整体时间过程中的那个组织有序、能充分发挥时间吸引力的“引力极”，这个“引力极”是具有一定审美向心力的节奏中心，只有欣赏者不断地被节奏中心、音响的运动所吸引，才能在音乐的时间结构中进入审美的体验。当然，这里仅是一种提要性的概述，对于音乐构成要素而言，还有和声、力度、速度结构、音色等许多方面，限于篇幅不能详述。但只要掌握了基本的审美感知原则，便可以逐步深入地探索。

（二）音乐批评的教学

在进行音乐批评时，对不同年龄、不同修养的人应采取不同的方式方法。将音乐批评引入课堂应大体遵循如下原则。

第一，高校音乐教师应尽可能收集各种不同风格的音乐批评文章、论著，以供学生选择、比较、吸收应用。

第二，高校音乐教师要尽量让学生采用各种不同方式学习和接触音乐批评，使学生增强对艺术与艺术家的亲切感。

第三，高校音乐教师要坚持让学生写音乐批评文章，这是鼓励学生获得批评能力的一个有效方法。要注意批评文章的好坏不是结果，重要的是写作过程。在这个过程中，学生把感受和听觉印象、联想等变成了文字，从而就提高了学生的自我意识、写作能力。

第四，高校音乐教师要循序渐进，按照学生的年龄、知识、技能、思维能力等，并根据教学目标，安排好有关概念和观点的学习，可以采用不同的学习方式和引进课堂的方式。

第五，高校音乐教师要重视探寻音乐批评引进课堂的各种不同的探索讨论方式，促进课堂学生的讨论与批评思考。要尊重学生的个人反应，要坚持讨论和表述个人反应必须与具体作品的构成因素和整体效果相联系，要把批评探索的进展安排得具体，并落实到参加讨论的每个学生、每个小组，要建立讨论规则和程序，防止课堂中产生无序的现象。

（三）高校音乐美育实践的重点

1. 音乐的特殊性

音乐的特殊性表现如下。

（1）音乐的构成材料特殊。音乐是以经过实践筛选出的声音为其物质材料的，这些经过筛选的声音，在不同的文化背景中成为各具特色的音乐文化。

（2）音乐长于表达。这是由于音响的高度、速度、力度、色彩以及运动的节奏感的变化与人感情的表现方式相对应所致。

（3）音乐创作的特殊性和理解上的特殊性。音乐创作的特殊性表现在作曲家将自己对社会生活和某个客体的体验通过音响表达，再经过表演者的再加工传达给欣赏者。这一过程都应被每个环节的人所接受，若人们无法理解也就不可能产生感情上的共鸣。

但上述这些特殊性常常被不少高校音乐教育工作者忽视，表现为教师硬要让学生的感受与教师或与乐曲说明中的解释完全一样，否则就是不对。例如，在欣赏唢呐独奏《喜庆胜利》时，学生听出了欢快热烈，像是在欢庆跳舞。教师问欢庆什么？有一位学生回答：欢庆节日。教师问，对不对？又有一位学生按书中标题答，是欢庆胜利。这时，教师才说对，并说这首乐曲是胜利后的欢庆，不是欢庆节日的。这就表明，教师对音乐的理解非常概念化，这样的音乐美育是很难取得成功的。

2. 标题音乐与无标题音乐

这实际上属于音乐内容的范畴。不论音乐美学家们如何争论，自律与他律、纯音乐与非音乐内容等，音乐作品中的标题音乐作品和无标题的音乐作品都是客观存在的事实，是不论谁怎样说都不会改变的。作为高校音乐美育的具体实施者来说，对这样的问题也是不可回避的，否则，音乐美育就有被引入歧途的可能性。我们不想讨论自律与他律的争论谁是谁非，也不想去论述有标题音乐的进步意义和无标题音乐在坚持音乐艺术的纯洁性、自主权、生存权等方面的本质意义的积极性等，只就实施高校音乐美育中要注意的问题作些简要的阐释。

（1）不能把标题音乐的理解引向概念化、绝对化

在歌曲和歌剧作品中，音乐与文学的结合带来了理解上的方便，而在标题的器乐作品中，则要对标题有个正确的理解，不是所有器乐作品中的标题都与音乐的内容有关，如《F大调变奏曲》、海顿的《太阳四重奏》这种标题或别号，与音乐内容并无直接关系。

在我国，标题音乐有着悠久的传统，在传统的古典乐曲和民间乐曲中，大都有标题，如《三六》《广陵散》《百鸟朝凤》等。在历史发展过程中，由于人们对标题的使用与看法不同，导致音乐作品中的标题，有的属于真正的标题音乐，如《百鸟朝凤》《十面埋伏》；有的属于非标题音乐，而其标题可能是标明结构，如《句句双》是指成双的重复或变化重复乐句关系，《九连环》是指同一曲调反复九

次，并将21小节、29小节在每次反复时按反复的次数递增，第二次反复奏两次，第三次反复奏三次等；有的标明性质，如《大开门》《小开门》《文绣球》《武绣球》等；有的标明调名，如《黄钟醉花阴》等。它们其实是有标题的非标题音乐。因此，不能认为凡有标题的乐曲都属于标题音乐。

标题音乐应是指那些语义信息较强的、具体反映了客观事物形象的作品，如琵琶曲《霸王卸甲》《春江花月夜》等。这种现象在西方音乐中也存在，如《C大调赋格》，只是说明调式调性与体裁的标题，与音乐内容无关。

（2）无标题音乐的理解比标题音乐的理解要困难

欣赏者对于无标题音乐和标题音乐的理解在程度上有所不同。无标题音乐并不等于没有标题性内容。音乐的声音材料的特殊性使作曲家在表达自我体验时，要向人类感情的共通性靠近，否则就难以被人理解。

因此，在实施高校音乐美育的过程中，教师要培养学生对音乐中基本情绪表达方式的理解，并借助于背景材料，去加深对其风格、无标题音乐中的非音乐性内容的理解，不能只停留在对标题性音乐的掌握培养上。否则，对学生的联想、想象力和音乐理解力的提高会产生影响。柴可夫斯基曾说过："不用标题来写作要愉快十倍的，创作是一种抒情的过程，是灵魂在音乐上的一种自白。"①

3. 传统音乐文化的渗透

我国传统音乐文化是值得我们每一个中国人骄傲的文化。但随着时代发展和科技的进步，人类的生存环境发生了极大的变化，文化生活的方式与内容也随之变化。学术界审视中国近百年的国民音乐教育的发展状况，并不非常乐观，许多学者发出了"传统的断裂，母语的丧失"的警示②。这主要表现为在校大学生对中华传统音乐文化知识的贫乏，以及音乐美育工作中存在的问题。

对此，每一位高校音乐美育工作者都应该对如下问题进行深刻的思考：如何处理好中西音乐文化的关系；如何培养学生对中华音乐文化的感情；在流行音乐充斥音乐文化市场的形势下，如何加强引导、培养学生的正确的审美情趣等。这也是关系到我国传统音乐文化的传承问题。

---

① 徐希茅．音乐与音乐教师教育研究[M]．北京：中国文联出版社，2007.

② 陈静梅．谈民族音乐在音乐美育中的魅力[J]．电影文学，2007（8）：63-64.

第二节　高校舞蹈美育实践

一、舞蹈教育之于美育的意义

美育，就是指一种美的教育，人们在生活中遇到一些独特的人或者是事物的时候，可以运用美学的知识理论来对其进行鉴赏，能够学会用美的眼光看待周围的事物，学会发现美、体验美、创造美等等。美育是素质教育中重要的组成部分，也是实施素质教育不可缺少的内容之一。美育能够增强审美情趣，陶冶情操，也就是说，一个人有了审美能力，那么这个人就可以更好地欣赏周围的美好的人、物和事，从而激发对自然、人生、社会的新感受、感悟和领悟，提升自己对于美的感知力、理解力与创造力。在人类历史发展过程中，美育作为一种思想文化现象，具有重要而广泛的意义。除了要求人们学会对事物的美丑进行评价，它还能够感化人们的心灵，触动人们内心深处的情感。

艺术教育包含有很多，舞蹈教育属于其中一种。舞蹈教育在艺术教育中扮演着至关重要的角色，其主要职能在于传承和保存舞蹈理论知识与技艺，向大众普及舞蹈文化，不断推动舞蹈艺术的繁荣发展。舞蹈教育的审美教育是在教学过程中通过教师的引导与组织使学生获得美的感受，从而使之产生审美情趣。作为美育的一种手段，舞蹈教育在完善性格、丰富情感、陶冶情操、增强素质全面协调发展等方面发挥着不可或缺的作用。因此，舞蹈教育也被称为素质教育中不可缺少的一部分。在当今社会中，舞蹈正逐渐发挥着越来越重要的影响力和作用。

法国国王路易十四创办了第一所芭蕾舞学校，主要目的是培养贵族的仪表，陶冶他们的情操，因此，芭蕾舞获得了广泛的传播和高度的发展。尽管美国是之后发展起来的，但早在殖民时期，人们就已经认识到，环境许可的话，会送他们的女儿到舞蹈学校去学习仪态举止，因为就算在粗野的新大陆，人们也没有忘记文雅。”[①] 在这样一种背景下，舞蹈教育便开始萌芽并逐步壮大，而作为舞蹈重要组成部分的交际舞则以其独特的魅力赢得了广大女性的青睐，许多著名高校都开

① 冉秀萍．舞蹈艺术教学学科教研与专业课程设置全书[M]．合肥：安徽文化音像出版社，2004.

设了舞蹈系或舞蹈专业方向。在我国许多地方，人们也常常把交谊舞视为一种尊贵的礼仪行为。在日本，那些缺乏歌舞伎欣赏技巧和日本民俗舞蹈技巧的人，将会遭受到社会的耻笑和嘲讽。通过上面这些例子可以看出，舞蹈美育的价值已经受到了人们的高度重视。

1996年，国家教委针对艺术教育提出过三点要求：一是针对大学生，包括专科生、本科生和研究生在内能够树立起正确、高尚的马克思主义审美观和艺术观，使得他们能够抵御各种落后的、错误的、腐朽的美学思潮及艺术思潮的影响和干扰，坚持社会主义方向。二是在第一点的基础上，培养他们具有健康的情感和良好的道德风尚，提高他们对美的感受力、鉴赏力、表现力和创造力，增强他们的爱国主义精神和民族自尊心、自信心，开阔他们的视野，拓展他们思维，使其身心获得全面、和谐的发展。三是不断加强高校文化建设、创造更加良好的校园文化艺术环境。艺术教育的使命也正是如此，就是要在以人为本的核心思想下，全面、科学、健康地促进人的成长和发展。

在舞蹈教育过程中，人们不仅可以学习到舞蹈方面的技能与知识，强身健体，美化身材，同时还可以在不断地观察与训练之中感受到舞蹈本身的肌肉美、线条美、韵律美等等，可以不断提升自身的审美鉴赏能力，满足人们对于高层次的美的追求。

舞蹈教育的核心在于使学生能够充分认识自己的身体，掌握舞蹈的美学特质，通过课堂内的舞蹈教育和教学活动，老师言传身教，引导学生领略身体的美妙之处，领悟舞蹈的线条与韵律之美，并进一步展现出人类对于真善美的理解与追求。在舞蹈教学中，教师不仅要传授知识与技能，还要引导学生进行情感体验，让他们感受到艺术之美，从而达到陶冶心灵，陶冶情操的目的。

二、舞蹈教育的美育功能

（一）培养学生认知世界的能力

舞蹈艺术，需要舞者以全身心地投入，通过各种不同的肢体动作，更好地了解自己的身体，展示最美的身体姿态，表达出舞者最真挚的情感，从而达到真正的舞蹈境界。舞蹈是一种艺术形式或艺术手段，能够充分表达舞者内心深处真挚的情感。所以说，舞蹈表演不仅仅是通过演员们的身体动作完成的，它还包含着一个人内心感情的流露与升华，这种情感的抒发和体现正是舞蹈本身所具有的特点之一。在学习舞蹈的过程中，学生通过动作感知世界的同时，也能够提升自身的智力水平，这是一种非常有益的体验。舞蹈是一门综合艺术，它不仅包含音乐、美术等其他学科的知识，还包括了文学、历史及哲学等诸多学科知识。大部分舞蹈都采用抒情的方式进行演绎，以最真实的方式展现我们现实生活中的内容和情感。舞蹈本身就是一个十分独特的艺术门类，它不仅具有一定的观赏性，而且还拥有丰富而深刻的内涵。因此，将舞蹈艺术视为一种具有独特生命力的情感表达方式，实至名归。在教学当中，教师应当引导学生通过对各种音乐素材以及肢体语言的合理运用，使学生能够感受到舞蹈所表达出的独特魅力。此外，在学习舞蹈的过程中，学生可以通过各种不同的舞蹈动作来感知周围的世界，从而毫无保留地释放内心的情感。因此，可以说，舞蹈教育的美育功能之一就是培养学生认知世界的能力。

（二）提高学生审美艺术的能力

学生们练习舞蹈，在这个过程中，学生不仅可以强健自己的身体，还能够形成良好的律动感，感受到舞蹈的形态美。舞蹈教育中，所有学习舞蹈的人，无论其专业背景如何，都必须接受有关身体形态的训练，这是学习舞蹈之前必要的条件，这种形体方面的训练能够更好地协调舞者身体上的肌肉和力量之间的杠杆关系，从而达到协调和耐力的统一。由于舞蹈本身具有一定的艺术性特点，在一系列形体训练之后，舞者得以深刻领悟到舞蹈所蕴含的最本质的美感，并将这种美通过肢体展现出来，另外，通过舞蹈的表演，还可使人的心灵得以净化。因此，舞蹈教育的价值不仅在于培养学生的审美情趣，更在于提升他们对艺术的审美素养。

（三）激发学生创造艺术的能力

在舞蹈教育的过程中，舞者被要求充分放松自己的思维与情绪，认真地感受自己的身体，释放出内心深处最真实的情感，以实现人脑与舞蹈动作的完美协调和统一。这就是舞蹈教育的魅力所在，它是一种以“情”为核心的教学方式，它能够激发学生自身的艺术创造潜能，从而培养出富有创造性的艺术思维。在整个舞蹈教育中，音乐起着十分重要的作用，舞者的动作是以音乐的韵律为基础的，舞者运用自身对音乐的领悟，不断激发想象力，将舞蹈动作与音乐的旋律节奏相融，通过相应的舞蹈动作来展现音乐所蕴含的深刻内涵与情感。在这个艺术创作的过程中，舞者要放松心态，寓教于乐，陶冶自己的情操，从而提高自己的艺术思维和审美能力，最终达到全面发展的目标。舞蹈教育作为艺术教育的重要组成部分，有助于提升人的全面素养，同时，它也能够激发学生创造艺术的能力。

（四）培养学生健全的人格

所谓健全人格，主要包含三个部分，一是正视自我，能够以一种积极的态度正确地认识自我；二是正视他人，能够同他人有一个良好的人际关系；三是能够协调好自我同他人与世界的关系。舞蹈艺术是以情感为核心的，它能够培养人们的综合素质，健全人们的人格。舞蹈教育的基础训练包含柔韧度训练、协调性训练等多种训练，这些训练并不是偶尔为之，而是日积月累的，训练时的枯燥、乏味、疼痛无一不是对学生的精神与人格进行塑造与完善，这些训练能够培养学生吃苦耐劳的精神以及坚定顽强的意志力，能够帮助学生更好地认识自我，挑战自我，调整自我的态度。

三、舞蹈教育发挥美育功能的方法

（一）逐步完善舞蹈教育的课程体系

在西方国家，舞蹈教育的相关课程体系早已成熟。在许多西方国家的高等教育机构中，舞蹈教育已被纳入教育体系，成为一门必修或选修的课程。这些国家制定的舞蹈教育的相关标准及其具体的实施方法和路径都为我国目前的舞蹈教育提供了借鉴经验。因此，为了适应现代化的艺术教育趋势，我国应当借鉴西方国家的先进经验，顺应当今舞蹈教育的发展趋势，改变目前我国舞蹈教育不受重视的发展现状。要想提高我国舞蹈教育的整体水平，就必须要从各个方面入手去努力改善目前舞蹈教学中出现的不足。同时，针对我国的具体情况，应开设相关的舞蹈课程，或者制定相应的舞蹈教育课程体系，将其纳入高等院校的必修或选修课程，以逐步完善我国的舞蹈教育课程体系。

（二）举办丰富的舞蹈相关知识讲座

对于学生来说，仅仅使他们在课堂上了解舞蹈的相关知识与技能还不够，还需要为他们提供一系列与舞蹈相关的知识讲座和培训，这样才可以更好地发挥舞蹈教育的美育功能。这不仅是对舞蹈教育者自身能力的考验，也是对于学生审美能力及综合素质的一种培养。在舞蹈教育中，除舞蹈知识与技巧外，审美观也很重要，因此，要想真正地融入舞蹈的世界，真正地感受舞蹈的美，还需要举办丰富的舞蹈相关知识讲座，培养学生形成良好的舞蹈意识修养与审美观。

（三）为学生提供舞蹈艺术实践机会

实践出真知，无论是任何事情，纸上谈兵永远成不了事，要想真正地了解它、感受它，就必须要勇于实践，舞蹈教育也是这样。在舞蹈教育的过程中，应当为学生提供更多的实践机会，以便他们不仅能够欣赏和感受美，还能够深入了解舞蹈的本质和魅力，通过这种方式来激发学生对学习舞蹈的兴趣。比如，可以举办一系列与舞蹈教育相关的盛大文艺晚会，为观众带来精彩纷呈的演出，等等。同时，也要注重加强舞蹈教学的创新改革工作，不断提高自身的专业水平。在舞蹈教学过程中，教师要善用各种教育平台，充分整合与舞蹈相关的各种艺术资源，将之呈现给学生，必须明确自身在社会中的责任，高度重视舞蹈教育在美育方面的积极作用和影响，鼓励学生积极参与课外活动，使之培养兴趣爱好，并为他们的审美素质教育提供坚实的物质和精神支持。美的本质就是内在美与外在美的完美统一，唯有将内在与外在完美融合，方能孕育出真正的美，这是不言而喻的。在素质教育理念下，教师不仅要让学生掌握扎实的知识技能，更要注重对学生审美素养的提升，为学生提供更多舞蹈艺术实践的机会。

四、高校舞蹈美育教育的审美理念

（一）美育教育与舞蹈的审美理念

随着社会的发展，人们的物质生活条件越来越好，相应的审美准则也在不断演变和创新。在这样一个时代背景下，高校大学生对于美的追求变得越来越强烈，教育领域对美育的理解也发生了新的变化，即在德、智、体、美四个方面实现了全面发展的才可以称得上是真正的美。因此，对于大学生们而言，他们不仅要学习专业知识还要掌握艺术知识，而且必须具备良好的艺术修养，舞蹈就是其中之一。在大学舞蹈教学的审美理念中，长期以来，舞蹈一直被视为美的象征和化身，人们逐渐习惯于将美和丑对立起来，对事物进行分析，认为美的必然是美好的，而丑的则必然是丑陋的。而在今天这个信息高速发展的时代，很多人对于舞蹈的理解已经不再停留于表象层面上。我们可以从舞蹈的实质中推断出，舞蹈并非必然只有一种表现形式，它们可能呈现出炽热、柔和、冷静、疯狂等多种形态，这些形态都可以归为“美”的形式，但并非所有形式都符合人们对“美”的认知。

（二）增强学生审美理念的策略

在舞蹈艺术中，不仅包含了丰富的音乐元素，还包括有各种肢体语言，这些都属于舞蹈审美当中非常关键的部分，舞蹈动作不仅仅是肢体的表达，更重要的是它展现了舞者内心的思想与情感。在当代大学舞蹈美育教育中，许多教学内容仅仅停留在舞蹈的表面，仅仅是对学生的形体进行训练，而忽略了对学生情感融入和内容表达方面的训练，这就会使人们陷入误区，认为舞蹈的形式美就是舞蹈的美。当人们普遍认为舞蹈形式的美感至关重要时，在这样的环境中，学生会受到反向作用力的影响，他们不自觉地开始向那个标准靠拢，这种趋势如果持续下去，舞蹈美育教育的发展将会受到威胁。这种现象在很大程度上反映出我国大学生舞蹈美育教育存在一定问题，这些问题不仅阻碍了高校美育教育的进一步推进，而且还会影响整个国家艺术文化的传承与创新。针对此现状，大学舞蹈美育教育要积极探究未来的发展方向，采取有用的措施，以促进大学生的舞蹈美育教学，帮助他们形成正确的审美观念。

在当今经济高速发展、商品包装过度的时代背景下，人们对舞蹈的审美标准存在一定程度的偏离，这也不足为奇。要想使学生能够正确认识舞蹈的美，就需要使学生能够了解舞蹈的本质。作为一门艺术形式，舞蹈所包含的不仅仅是一种美感，更是一种文化精神，是一种情感体验。因此，在进行大学生舞蹈美育教育的过程中，首要任务是让学生深刻理解舞蹈的本质和内涵，让他们在内心深处真正领悟舞蹈的本质，从而自然而然地形成正确的审美准则。同时也要使学生意识到，如果不具备良好的审美观点，那么他所从事的舞蹈艺术将会失去它本身应有的价值，甚至还会给自身造成伤害。当学生领悟到这一真理后，他们在未来的舞蹈学习中，自然而然地就会正确地看待舞蹈的美，正确地对其展开评判，从而确立正确的审美准则。

除了让学生理解舞蹈的内涵和本质，在开展舞蹈教学的过程中，如果想要达到舞蹈美育教育的根本目的，教师还应注意对学生的情感培养，在学生基本功已经比较扎实的前提下，引导学生进行情感的合理表达及阐述，即通过舞蹈动作来表达自身的内心情感，并且用连贯鲜明的舞蹈动作将这种情感传递给观众。要达到这种水平，教师在进行舞蹈美育教育的过程中，首先应对音乐故事的内涵进行仔细讲解，让学生站在主人公的角度去体会作者的情感。让学生对作者在作品中融入的情感加以体验，实际上是学生正确舞蹈审美理念形成的基础，只有在领会到作者情感的前提下，学生才有可能将舞蹈动作连接起来去呈现出一幅完整的画卷，而不是在舞蹈动作编排好的情况下再去补充情感部分的内容。

舞蹈美育教育不仅是当代大学生综合素质的重要组成部分之一，同时也是丰富人们业余生活的高雅生活方式之一。但是就现阶段人们对舞蹈的审美理念来看，与舞蹈的本质实际上是相违背的。大学生对舞蹈如果没有形成正确的理念，只是简单认为“美即舞蹈”而忽视了舞蹈的本质的话，不仅会滞碍舞蹈的发展，同时还会从很大程度上阻碍当代大学生创造能力创新能力的发展。基于这一现状，相关教育工作者在开展舞蹈美育教育的过程中，应提高对舞蹈本质的教育，从而促进舞蹈这一艺术的长远发展。

五、高校舞蹈美育课程的重要性

就人类最早的活动而言，审美活动是每个人都参与的。在人类文明的起源时期，就已经开始制作“首饰”了。那时候，人类利用各种彩色宝石进行手工打磨，钻孔、穿线串联，把它们挂在手臂、脚踝、颈项等部位。这个行为与最初的将猎物的牙齿串联起来佩戴，以显示“勇敢”已经不同了。随着古人对石珠形状、大小和颜色的要求变得更加严格，他们开始对石珠进行涂饰和搭配，这使得石珠从一件强调“勇敢”和功利的挂饰渐渐演变成为一种注重“审美”体验的物品。在长时间的创造性劳动过程中，人类也同时产生了艺术和美的事物。“首饰”这个词所代表的东西有很多种，比如衣服，最初只是为了保暖，不过后来随着材料、颜色和款式的发展变化，它的作用也逐渐扩展了。陶器的功能已经不仅仅是作为储物容器，而是由于其造型、色彩和图案的发展拥有了更多的用途。这些资料可以在民俗学领域中找到，表明审美活动是广泛参与的社会活动。正如美术教育家丰子恺讲过的“有生即有情，有情即有艺术。故艺术非专科，乃人所本能；艺术无专家，人人皆生而知也。”①随着社会的快速发展，文化艺术逐渐被赋予更高的地位和价值，使得它与人们日常的生活越来越疏离。席勒在他的著作《美育书简》中指出，人类天性最初是完美而和谐的，具有完美的人格特质。随着工业社会的快速发展，社会和人性之间出现了一些不可避免的矛盾。随着工业快速发展，不同类型人才的需求日益增加，这促进了高校制定专业人才培养计划的出现。然而，这种趋势也导致现代大学生所接受的教育内容存在误导。这加剧了社会和个人之间的冲突，同时也导致了患有重大人格缺陷的情况日益普遍。

文化和文明是密不可分的两个方面，文明是文化达到的顶峰。观察不同国家和社会的进展，我们会发现所有文明都起源于普及的文化传承和创新。这种文化积淀不断被继承和更新。

审美教育的重要性在于，它是物质文明和精神文明发展所必需的。提高个人生活素质必须建立在综合素质教育的基础之上。与此同时，现代综合素质教育包括了大学生文化素养的教育，这是不可或缺的一部分。文化素质教育中，培养“审美素养”是至关重要的一环。忽视“审美教育”，而只是关注现在高校的专业分科，不仅会对人类文化积淀产生轻视，也会阻碍个人完善人格以及养成优秀品德，同时还会导致全民文化素质下降、衰退，甚至会影响社会文明的进步。

人的思维方式分为抽象和形象两种，且任何成功的创造都是这两种思维形式的结合产物，而非其中某一种思维形式单独完成。文化艺术活动注重培养形象思维，为了熟练掌握这种思维方式，必须进行各种广泛的审美活动。在五四运动时期，知名教育家蔡元培提出了以美学教育代替宗教教育的观点，其中美学教育涵盖了美术、文学、音乐、舞蹈等各种艺术形式，以激发人们的审美思维和进行审美活动的技艺。

对于当代的大学生而言，舞蹈美育的价值主要在于对身体和心理健康的促进。从生理学角度考虑，舞蹈美育有助于加速塑造身体形态。学生通过反复地跳跃、转身和其他舞蹈动作来消耗大量的能量，以达到减肥和控制体重的效果。在生理方面有以下作用，第一，通过科学的舞蹈训练，学生的身材可以变得更加匀称挺

① 丰子恺．丰子恺全集：艺术理论艺术杂著[M]．北京：海豚出版社，2016．

拔，关节的灵活度也能够得到提高，同时还可以消除不良的身体姿态，如驼背弯腰等。第二，舞蹈美育能够促进身体的成长和发展。跳舞训练有助于加快身体的新陈代谢，推动各个部位的生长和发育。适当的练习能够激发骨骼的增长，促进身高的增加。第三，舞蹈美育能够提高身体素质。通过舞蹈训练，可以增强肌肉力量、提高身体控制能力和平衡感，同时促进身体的柔韧性和敏捷度的发展。第四，通过舞蹈美育能够促进身体健康和提高生理功能。通过进行一段时间的舞蹈训练，学生可以提升他们的视觉、听觉以及身体感觉等感官。听音乐跳舞有助于提高神经传导速度和增加神经传递介质，进而加强条件反射的速度和灵活性。这些效应对身体和大脑的健康都有积极的影响。在心理方面有以下作用。第一，舞蹈美育能够净化心灵，抒发情怀。古人常言舞以达欢，人类情感达到一定程度的时候，就会不知不觉地“手之舞之，足之蹈之”①，它不受任何外力约束与控制，是人们发自内心最真诚、最直接地表达，人生的喜、怒、哀、惧等情绪都可以通过不同的舞蹈形式展现出来，从而抒发内心真实的情怀。第二，学习舞蹈可以培养情操，带来愉悦与享受。古典优美的舞蹈作品是必不可少的美育手段，能够带来极大的审美享受。我们认为，舞蹈美育的核心在于唤起人们内心深处的情感共振。经典舞蹈作品可以帮助人们培养和提高他们的艺术兴趣和鉴赏能力，让观众身临其境地感受到舞蹈所传达的情感，这可以启迪人们高尚的道德情操，感染欣赏者，同时也让他们享受到美的感受。第三，舞蹈美育能够宣传教化，共同进步。伟大领袖毛泽东主席在中华人民共和国成立初期指出：“政治工作是我军的生命线”②，显而易见，思想对于行动起着至关重要的引导作用。只有科学、正确的方法论能够有效地指导我们的实践，因此我们必须持续提升自己的思想境界。只有在思想水平得到提高和净化的情况下，我们的行动才能真正地有助于我们的成长并实现目标。

---

① 赵文怡，陈立民．遇见中国音乐艺术：古代篇[M]．上海：上海交通大学出版社，2021．

② 侯鲁梁．毛泽东建军思想概论[M]．北京：解放军出版社，2007．

六、高校舞蹈美育课程的设置

（一）高校舞蹈美育的对象

高校舞蹈美育的受益人应该是广泛的学生群体，包括非舞蹈专业的学生，涵盖文科和理科学生。这些学生参与舞蹈学习，不是为了学习另一种谋生技能，而是作为美育的一种手段，以此教育学生。舞蹈美育是一种重要的教育方式，它有助于提升全民的素质水平，从而扮演重要的角色。中共中央、国务院最近几年颁布了《关于深化实施教育改革全面推进素质教育的决定》，其中明确指出了教育改革中美育的重要性。这是为了适应时代需求而提出的教育目标。随着经济飞速发展进入新世纪，急需通过教育培养具备全面素质的高科技人才以满足现实需求。培养这些人才不仅要关注道德和知识方面，还要特别关注美育的必要性。接受美育可以提升一个人的心理健康和完美程度。因而，大学应积极支持各种美育项目，其中应该包括舞蹈，并不仅限于音乐和美术。

（二）高校舞蹈美育课程设置的重点

1. 设立准确的课程目标

在我国高校的舞蹈美育教育领域里，过度注重专业技能，忽视了确立明确的课程目标这一问题长期存在。专业舞蹈教育对普通舞蹈美育的发展产生了深远影响，它的教育内容、教学方式及评价标准在一定程度上促进了普通舞蹈美育的进步，但同时也可能会阻碍舞蹈教育本身的功能实现。舞蹈教育被忽视主要源于人们对其实质和价值的认识模糊，将其单纯地关联于课程本身。造成这种情况的原因是，课程的目标缺乏明确性，同时与其他课程要素的衔接不够紧密，从而无法实现整个课程的综合效益。

2. 高校舞蹈美育课程设置的实现途径

一旦确定了高校舞蹈美育课程的目标，就需要设计一个内部一致的课程体系，其中包括规定所学科目内容的范围以及学习这些内容的先后顺序。这样可以使整个课程呈现出有序列、有层次的整体结构，从而最大限度地发挥对学生影响的积极潜力。

（1）舞蹈美育课程内容选择的广泛性

首先，可以设计基础知识和基本素养的舞蹈课程，这些课程旨在训练学生的形体和气质，通过教授不同类型的舞蹈动作来实现这个目的。舞蹈学习能够引起学生对舞蹈的浓厚兴趣，培养他们对舞蹈的热爱，并了解各类舞蹈的不同风格和特点，以及其历史背景和所处的生态环境。接下来是实践性课程。尽管舞蹈美育课程不是为了提高舞蹈技能而设计的，但仍然可以包含舞蹈实践活动，这取决于课程的核心价值取向。舞蹈操作课程的意义在于，通过实际的舞蹈训练，让学生在感受舞蹈之美的过程中获得更丰富的舞蹈体验。此外，在进行舞蹈实践的过程中，学生不仅可以培养自己的意志力，拓宽自己的思维视角，还能够建立积极、乐观的人格，并学会与他人及社会和谐相处，使其具备潜在的教育功能。因此，舞蹈的重要性不仅在于技能水平的熟练程度，更在于丰富了人们的审美文化体验。最后一部分涉及课程的引入，其中舞蹈欣赏是关键，其目的是帮助学生培养对高水平舞蹈的欣赏能力，进而通过欣赏舞蹈来深入了解民族历史、文化和民俗风情。通过舞蹈欣赏获取德育和美育的教育。透过舞蹈授课的方式，我们可以区分古典芭蕾、现代舞、民族舞和国际标准舞之间的差别。此外，现在对于各种不同舞蹈类型的分类和评判也更加明确。

（2）舞蹈美育内容结构的序列性、层次性

在设计舞蹈美育课程时，需要关注构建一个有系统性、有层次性的内容框架，使之形成一个较为完整且具备灵活性的体系。因为每门学科包括了完整且科学的知识结构，所以理解它需要逐步加深。这种规律恰恰可以从课程设计的序列和层次中看到。

在舞蹈美育的课程设计中，应紧密关注人文教育的目标，着眼于深入、广泛的舞蹈文化教育层面。同时，必须将课程目标和内容相互融合，形成有序和层次分明的课程体系，以使舞蹈美育类课程发挥其整体效应，促进学生德智体美全面发展及创新能力，为培养高素质人才作出积极贡献。

3. 高校舞蹈美育课程设置的重点问题

高校舞蹈美育的课程设置侧重于整体学生，与一般舞蹈教育不同。舞蹈教育主要面向从事舞蹈职业的学生，而舞蹈美育则针对所有学生，考虑到全体学生的需求。

（1）学习进程的层次性

指舞蹈美育的课程目标被分为多个层次，从课时目标、单元项目目标、学期目标、学年目标到学段目标。实现每个层次的目标都需要建立在之前目标的基础上，并最终达到舞蹈美育课程的总目标。

（2）学生水平的层次性

分层教学策略是针对学生的不同舞蹈技能水平、体能和健康状况，制定相应的目标要求，并让每个学生在适合自己的起点上感受到舞蹈美育的乐趣。这样做可以激发学习兴趣和信心，使每个学生都有机会获得成功的体验。

（3）舞蹈美育课程各类目标的层次性

舞蹈美育课程的各项目标呈现出层次性特点，其中技能和情感的目标需要建立在知识的基础上，而在认知层次中，目标可以被分为低级的记忆、理解和应用，以及高级的分析、综合和评价。在技能层面上，可以划分为不同的阶段：体验、模仿、组合、熟练、自动化以及创意探索。在情感方面，我们可以将其划分为以下几个方面：对事物的认可和接纳、对事物的兴趣和关注、对事物的观点和立场的形成以及对事物的直觉表达。在身体方面，我们可以关注提升基本身体素质和塑造理想体态等方面。各层次目标互相依存，高层次目标的达成需要依赖低层次目标的逐步发展和深化。因此，在规划舞蹈美育课程的目标时，应该同时考虑提高和扩展不同层次的目标。

第三节　高校文学美育实践

一、文学美育的理论基础

（一）哲学基础

哲学是关于世界观的学问，是人们对整个世界（自然界、社会和思维）的根本看法的理论体系。文学美育必须以马克思主义哲学作为最根本的指导思想。在马克思主义的经典著述中，与美育关系最密切、对美育学的研究最具有直接指导意义的是关于人的全面发展的学说。马克思主义关于人的全面发展的学说是包括文学美育学在内的全部美育科学的哲学基础。

人的全面发展与人的个性发展相契合，是马克思关于人的最高追求和价值追求。人的全面发展即人的各方面素质的全面提升与协调一致。这就是人格更好发展的根本所在。人的性格是由其本身的状况和具体的生存环境共同构成的。一个人要想在自己的职业生涯中获得成功，必须具备良好的创造力。因此，马克思在强调人的整体发展的同时，也十分关注人的个体发展，并强调对人的人格和自身价值的尊重。

把马克思的人的全面发展理论作为审美教育的哲学依据，有助于我们更好地理解审美教育的本质特点和功能价值。美育以人的生存与发展为中心，以人的需求与能力能够并应当得到全面发展为目标，其根本价值是满足和提升人的审美需求，提升人的精神素质，让人的审美生活得以实现。其价值指向的第一个是“人”，是“人”的存在和发展的可能性和完美性。从这一点来看，审美教育的宗旨与人的全面发展具有本质上的一致性。因此，用马克思的人的全面发展理论去理解和研究美育教育，是掌握美育教育的基本属性和功能的必要条件。

（二）美学基础

美学又称审美学，是研究人类审美活动及其规律的科学。美学是一门宽广的学科，它可以被观察，被描述，被定义。但归根结底，美学作为人类最基本的存在形式之一，是属于存在范畴的。这既是因为人类最根本的活动是为了生存，也是因为人类生命的价值是有其终极意义的。美育是一门以美为中心的美学教育，其理论起点必然是美的生命价值。审美价值理论是所有美育科学的理论依据，它是人类存在的范畴。

中国美学的一大特点就是把审美当作一种生存方式、一种人生境界。中国美学着力探究的不是美为何物，而是审美对人生有何意义。因而，在中国美学中，审美从根本上看是一个生存范畴。以孔子为代表的儒家美学和以庄子为代表的道家美学，追求审美的人生价值，追求人生境界与审美境界的高度一致，这使得中国美学自诞生之时就充满了温暖的人文关怀。

孔子的美学思想主要是探讨审美和艺术在社会生活中的作用。孔子全部思想的核心就是如何学会做人，包括选择一种生活方式和追求一种人生境界。孔子的“仁学”要求把道德内化为个体的自发要求，使人从内心深处向往“仁”，自发地实践伦理原则，并以此为“乐”。

庄子学说论证了“道”的无限性、绝对性和永恒性，更重要的是论证了得道之人在精神上的无限性、绝对性和永恒性。庄子将老子本体论意义上的“道”引向人生，使心灵与“道”契合[①]。这种契合，就其总的倾向看，不是偏于养生，而是着重于精神的自由与解放。要达到与“道”契合，必须虚静无为。正是在这一心态特征上，将对“道”的体认与审美融会在一起，构成“天人合一”的境界。

20 世纪 90 年代以来，中国美学以审美为生存方式和人生境界的特点，已为许多美育研究工作者所关注。审美教育本质上是一种生命教育和情感教育，其核心是培养教授对象的生命意识。美育的任务是全面地培养人，提高人的素质，通过爱美的教育，培养人们热爱生活，追求真善美相结合的人生境界。这种理论认为，美育的根本宗旨是对人的生命的关怀，对人生的关切。它使人体悟生命的真正意义，开创生存的情感空间，追求人的精神自由和解放，发挥人的本质力量，实现人格的完整，以达到审美化、艺术化的人生境界。这种生存论美育观既是对我国古典美学思想的继承和发扬，也是新形势下对当代人文精神的倡导和升华。

（三）教育学基础

教育学是对教育现象和规律进行研究的一门学科。美育是一门美学教育的学科，它的理论起点也是教育学。

教育是一种对人进行培育的社会行为，是一种对社会文化进行传承，并将生产经验与社会经验传递给人的根本方式。学校教育是一项有目的性、计划性和组织性地对学生进行生理和心理上的影响，并期待学生产生一些改变的一种行为。教育要提高人的地位，也就是要找到人的价值，挖掘人的潜力，发挥人的个性，其本质就是要实行素质教育，对受教育者进行培养和提高。

素质是一个心理学的概念，是一个人与生俱来的解剖生理特性，以感觉器官和神经系统为主。它是通过基因得到的，所以也被称为基因质量。

然而，在现代教育领域，素质不仅包含了人的这一先天禀赋，而且还包含了人的社会文化发展潜力。所以，我们今天所说的素质，实际上就是一个人所能达到的、应当达到的，以人的存在与发展的能力的总和。它不仅包含了先天的因素，也包含了获得性的因素；它不仅具有相对的稳定性，而且具有发展变化和可塑性；它不仅是个人发展的必要条件，而且也是一个特定社会的普遍需求；它可以划分

① 徐林祥，郑昀，顾之川．语文美育学[M]．南宁：广西教育出版社，2018.

为身体素质、心理素质和社会文化素质等不同层次。

对学生进行素质教育，就是要将学生的发展潜力发挥到最大程度，在中国传统的哲学观中，这就是“尽性”，即将学生的求知、向善、爱美、健康成长的潜力发挥出来，并使其获得全面、和谐的发展。

当前，随着社会的发展，人们对素质教育的要求越来越高，对学生的素质要求也越来越高，并对“以人为本”的教育思想进行创新。本文主要研究了如下内容。

首先，素质教育把全面提高学生的综合素质作为教育的基本任务，以促进学生在德、智、体、美等方面全面发展为目的。德育、智育、美育作为全面发展的人的教育的重要组成部分，既有各自的功能和特点，又是相互融合、相互促进的。

德育主要是对人们进行政治思想和道德品质方面的教育，解决人们的世界观和人生观问题，体现着善的要求。德育与美育的关系是由善与美的关系决定的。善与美有互相重合的一面。善是美的核心，善从本质上讲也是美的。所以，亚里士多德说:“美是一种善，其所以引起快感正因为它是善。”① 一般说来，凡符合人的正当目的的功利行为都是善，善是对实践的合目的性的肯定，善就是美的社会功利性，社会美即是善。正是在这个意义上，高尔基说:“美学就是未来的伦理学。”② 德育与美育相结合，把思想品德教育寓于美感形式之中，可以以美引善，寓教于乐，使人乐于受教，并在潜移默化中实现思想品德教育，使人乐善好为。智育主要是传授知识和技能的教育，其目的在于提高人们认识和把握客观世界规律性的能力，解决一个“真”的问题。智育与美育的关系是由真与美的关系决定的，真是美的基础，美存在于真之中。所谓真就是符合客观世界本质及规律的内容，肯定美就是肯定人的合规律性与合目的性的实践活动及成果。通过美育，可以以美导真，人们在欣赏美的同时，可以了解自然、了解历史，获得各种自然科学与社会科学的知识。审美的（艺术的）把握世界的方式是人们认识世界的重要途径。美育对于人们观察力、注意力、记忆力的训练，想象力、思维力、创造力的培养，乃至非智力因素的开发都是有益的。

其次，素质教育倡导“以生为本”的教学思想，强调学生在整个教学过程中

① 亚里士多德．政治学[M]. 陈虹秀译．陕西：陕西师范大学出版总社有限公司，2022.

② 庄惠阳．马克思主义教育目标分类理论[M]. 上海：上海人民出版社，2017.

的主体性，使学生能够积极、主动、有创意地进行学习。这一点，也是目前国际上教育改革的焦点。

最后，素质教育将学生的健康成长看作是教育的一项重要的价值取向，它将培养一个全面发展的人放在了教育的中心位置，既要教给学生知识和技能，又要教给学生怎样做人，使他们具有优良的身体素质、道德素质、审美素质、心理素质和人文素质。

将现代素质教育理念引入审美教育的教学中，有助于我们更好地认识审美教育的目的、任务和价值。要充分发挥学生的创造性，发挥他们的各项潜能，就必须促进他们的美学发展；要全面提高学生的综合素质，就必须坚持对学生进行良好的美学素养的培养。因此，在对素质教育的关注中，审美教育的关注是必然的。

（四）心理学基础

心理学是研究心理现象及规律的科学。以往，人们往往将心理学与精神及心理疾病的治疗相联系，实际上这只是心理学的功用之一。心理学针对天赋的培养、内心的丰富层面的理论观点，能够为教育尤其是文学美育提供借鉴。美国人本主义心理学家马斯洛的需要层次理论与瑞士心理学家皮亚杰提出的认知理论，对文学美育的启示尤其值得关注。

马斯洛在《动机与人格》一书中提出的需要层次理论已经被学术界内外所熟知。该理论将人的需要从低级到高级分为五个层次，即生理需要、安全需要、归属与爱的需要、尊重的需要和自我实现的需要。需求层次有由低至高的顺序，但同时马斯洛也指出，自我实现者都献身于追求存在价值。

实际上，马斯洛的动机理论经历了修正。在马斯洛晚年所写的《Z理论——两种不同类型的自我实现者》一文中，他认为应当将自我实现者再分为两类：一类人“很少或没有超越性体验”“高效并务实，而不是着眼于审美”；而另一类人可称之为“超越的自我实现者”，即“超越者”，“超越性体验对他们来说很重要，甚至具有核心性意义”，其拥有“更明显的超越动机”。马斯洛在对两者的区别进行详细阐释时明确指出，“超越者通常会自如地、无意识地运用存在的语言”，并且“能够更好地理解比喻、修辞、悖论、艺术、非语言性的交流等（这是一个易于检验的命题）”。在马斯洛看来，“超越者”对美更为敏感，“或是比别人更容易看到美，或是比其他人更容易产生审美反应，认为美更为重要”，美即为价值。

他们也“更有可能善于选拔有创造力的人才”。由此，“超越者”超越了自我实现，与此同时，是“自然协同倾向的增强——心灵内部、人与人之间、文化之间、国家之间的协同”①。

从优势顺序的角度而言，自我实现与超越自我实现以生存性需要的满足为前提，但马斯洛也认为，不应当拘泥于满足需要的先后顺序。他相信，“任何一种存在价值受到威胁或受到挫折，都会引起一种病态或存在不适，或一种人性萎缩感”②。实际上，马斯洛还相信，绝大多数人都有创造的能力，具备伟大的潜力，甚至具有自我实现者所具备的特点。

不仅是自我实现者能够成为“超越者”，甚至是“不健康的、非自我实现的人”也会有很明显地超越体验。经研究，马斯洛发现人类社会各个领域都存在“超越者”，其中包括教育工作者、知识分子、诗人。

那么，是否能够通过教育，推动个体选择高级乐趣而非低级乐趣？马斯洛对这一问题给出了肯定回答。这不仅因为“低级满足会变得令人厌烦”③，而且如果能够使选择者自觉地意识到，存在价值是被盲目的、缺乏见识的因素遮蔽了，对高级乐趣的选择便成为可能。

在文学教育领域，审美情趣的培养和提高的过程也是学生趋近自我实现与存在价值的一部分，正如马斯洛所言，教育在这一过程中能够起到引导作用。文学教师首先应当通过理论修养的提高，发掘自身潜能，推动自己不断走向自我实现，不断接近“超越者”的境界。对文学美育而言，立足文学学科特点，借鉴科学有效的理论，以经典文本作为文学美的审美对象进行细致分析，自觉将理论融入阅读教学实践，不仅对提升学生感知美、欣赏美的能力极为重要，而且也能够影响学生创造美的能力。

依据马斯洛的 Z 理论，即便是生存性需要并未得到全部满足的学生，也有可能具备自我实现甚至超越自我实现的欲望。教师不仅需要呵护、发掘学生对美的探求与创造力的发挥这一存在价值的动机，更要从文学学科本身的特殊性出发，引入科学、有效的理论观点，对学生已有的图式进行更新与完善，这样才能取得

① 亚伯拉罕·马斯洛．人性能达到的境界[M]．曹晓慧，张向军译．北京：世界图书出版公司，2019．

② 徐林祥，郑昀，顾之川．语文美育学[M]．南宁：广西教育出版社，2018．

③ 亚伯拉罕·马斯洛．需要与成长[M]．王琳译．北京：团结出版社，2021．

最佳的文学美育效果。

（五）文艺学基础

余秋雨在《艺术创造工程》一书中谈到，艺术是“一种把人类生态变成直觉审美形式的创造”，这种“直觉审美形式”，无论是作为艺术欣赏的对象还是艺术创作的对象，都具有研究的价值。克罗齐提出：“心灵只有借造作、赋形、表现才能直觉。”[①] 苏珊·朗格将艺术定义为“感的形式”。黑格尔认为“美是理念的感性显现”[②]。克莱夫·贝尔提出了有意味的形式的命题，它是指“由作品的线条和色彩以某种特定方式排列组合成的关系或形式”，是一种“审美的感人形式”，并且是“艺术品的基本性质，是一切审美对象中普遍的而又特有的性质”[③]。可见，艺术之美的创造，关键在于形式的创造。对于形式的重视，并不必然导致对内容的忽略；相反，对形式的分析有助于更好地理解内容，因为一旦这种直觉被赋予了一个有魅力的形式，那么内在意蕴便趋向确定化和提纯化，从而具备更大的审美效能。

孙绍振、孙彦君在其合著的《文学文本解读学》中批判性地指出，“文学文本解读追求对审美感染力和文本的特殊性、唯一性、不可重复性的阐释”，然而，文学理论则“沉迷于从概念到概念的演绎”，其抽象性与文学文本之间存在距离。此外，文学理论脱离了作家创作实践与读者的文本解读，无法透过经典文本生成过程的遮蔽，提炼出作家反复提炼而得的深邃的奥秘，也无法立足于阅读实践，对这一深层奥秘作出微观的、原创性的分析。因此，孙绍振、孙彦君提出建立中国学派的文学解读学的理念。具体分析被认为是揭示艺术奥秘的唯一方法。

在具体操作层面，首先要立足于文本的不同规范形式。诗歌、散文、小说、剧本，不同的文学形式具备不同的审美规范。以诗与戏剧为例，诗歌追求心灵的概括性，人物都是心心相印的；而戏剧中的人物心灵表现出的则是惺惺相惜。还原也是具备可操作性的另一重要方法。还原主要有三种方式：一是艺术感知的还原。此处的“还原”，目的在于揭示原生状况与艺术形象之间的矛盾。二是情感逻辑的还原，亦属于价值的还原。这关涉到另一个概念——错位。形象的“真”要看是不是符合科学的理性的逻辑；形象的“美”眼看是不是符合审美价值的逻

① 余秋雨．艺术创造论[M]．上海：上海教育出版社，2005．

② 弗里德里希·黑格尔．美学[M]．寇鹏程译．重庆：重庆出版社，2016．

③ 徐林祥，郑昀，顾之川．语文美育学[M]．南宁：广西教育出版社，2018．

辑；人物形象的“善”要看是不是符合道德的评判标准。强调艺术的理由而非科学的理由是审美价值的一个很重要的特点，是一切艺术都必须遵循的规律。将审美价值还原出来，与科学、道德价值进行对比，才有具体分析的切入点。三是从宏观视角出发，进行历史的还原。成功的人物形象源自历代作家对范型的不断加工创造，经典的情节故事在文学史中也能够凝结成母题而流传。进行母题史的还原是最简便的方法。

二、文学美育与审美认知

审美认知，也就是审美感受能力，指的是审美感官（主要是人的视觉和听觉器官）对审美对象（也就是美的事物）的感知能力。

（一）审美认知的阶段理论

人类的审美观是有一个过程的。根据认知加工理论，人的认知加工过程可以分为感知觉、记忆、想象、思维及语言等一系列程序。传统认知理论框架下的实验审美也是如此，把审美认知分为三个基本环节：感觉、知觉和判断。审美认识是指个人在审美认识的基础上，与已有的认识经验相结合，把握审美客体意义的一个过程；而审美判断则是基于对美的认识，依据自己的审美标准对美与丑进行价值判断的过程。在此基础上，国外一些学者提出了一种比较简单的三步加工模式。第一个阶段是审美客体的感知分析，属于“自底向上”的早期过程；第二个步骤是将第一个步骤中所得到的信息成分在视觉上进行整合，并在视觉上形成一个可供辨识的统一表达；第三个阶段就是对美感物体的某些部分，进行更深层次的处理，从而激发出更多的记忆，赋予更多的含义，作出更多的判断。也有学者将人类的审美过程划分为感知阶段（自底向上的知觉加工）、中央加工阶段（记忆、提取、思考、赋予意义）以及最终输出阶段。这三种阶段的划分方法大同小异，它们都将审美过程分为三个阶段，分别是感知、加工和产出，只不过后一种的第二阶段包括了前一种的第三阶段的一些内容，从摄入、加工和产出的角度，对审美认知的过程进行了更加清晰地划分，而后者更适用于视觉类的审美认识。

（二）文学美育应丰富学生的审美感知

审美感知是审美的首要步骤，在文学美育教学中，教师要先让学生积累起丰富的感知觉经验，包括视觉、听觉、嗅觉与触觉等。比如，某老师在教学《落叶》时，充分利用了图画、录像、音乐、实物等多种教学方法，从各个方面提高了学生的美学经验。正是由于这一过程中大量的审美经验，才导致了后期的美学想象和语言的发展。

上课之前，老师让学生准备各种颜色的树叶。在教学中，老师通过引导学生观看落叶，播放不同种类的树叶随风飘落的录像，配以美妙的钢琴伴奏《秋日的私语》，并让学生用手去摸树叶，这些都能很好地满足学生的多种审美需要。另外，老师们还为学生们准备了一本名为《秋天的图画》的画册，这本画册收集了一些树叶，如香檀树叶、香蕉树叶、银杏树叶、梧桐树叶、竹叶和麻叶，在每张树叶的照片下方或者旁边，都有一段说明或者解释。在画册中，五彩斑斓、形态各异的落叶，对学生的视觉形成了强烈的冲击，进而激发了学生持续收集、感知、认识落叶的积极性。在使用实物触摸的过程中，学生对落叶的审美感受更深。

（三）文学美育应调动学生的审美情感

以往的研究发现，人的认知和情感在审美活动中起着相互影响的作用。在审美认知的各个环节中，情感的起伏都会对审美认知产生影响。美学经验就其实质而言是一种情感经验。不但要客观地描述落叶的形状、颜色、质感等，而且在观察落叶的过程中，还包含着对自然的热爱或由落叶而引发的其他情感。所以，在进行写作教学的过程中，教师应该将学生的审美情绪充分地调动起来，努力将审美表象转化为审美意象，让经过情感润泽的语言充满温馨与灵性。

（四）文学美育应促进学生审美理解能力的发展

在创造力中，想象力是不可或缺的一部分，这是由于学生的思维更多的是以具象为主，而不是以抽象为主，而想象力则是将一个具象和另一个具象连接起来并产生意义的方式。随着年龄的增大，具象思维会逐步被抽象思维所代替，而在成人时期，人们会更加注重抽象和本质的东西，从而失去了一些想象力。独一无二的想象力就是独一无二的理解力，只有这样的理解力，才能写出有特色的作品。所以，在文学教学中，写作教学不应该只是一种逻辑训练，而应该是一种培养学生的独特想象力。

（五）文学美育应培养学生独立的审美判断能力

学生审美能力逐渐成熟的标志，同时也是学生主体性在学习中的体现的是具有独立的审美判断。能够自主地选择审美对象，自觉地对作品中的人物进行评价，同时表达自己的看法，表现自己的审美追求，这就是审美评价的自主性。在教学中，教师要鼓励学生有自己的审美意识，不要用大人的眼光去影响他们，不要让他们失去自己的个性和主见。例如沙画《渔舟唱晚》中，通过圆月、湖泊、岸滩、诗人、花树等景象，描绘出了一幅画面丰富的水边月夜图，同样的内容，不同年龄的、不同生活经历的个体对其会有着不一样的感受。所以，在作文教学中应当尊重这种不同，鼓励学生发挥自己的自主表达能力。

学生们对这幅画的兴趣各不相同，哪怕是同样的一幅画，在他们看来也是不一样的。开放性问题使学生有了自由的思维，有了自由的表达空间，有了独立的审美判断能力。通过展现自己的独立的、有趣的、有创造性的思维与表达方式，学生在课堂上的学习过程中，可以得到正面的情感体验与审美愉悦感。

三、文学美育与审美情感

审美情感在审美活动中有着突出的地位，能发挥独特的功能和效用。下面对此进行静态考察和动态分析。

（一）静态考察

1. 审美活动中的情感

审美心理结构中的情感要素，既与生活中的情感不同，又与科学知识、伦理道德中的情感有所区别，这是由于它与其他要素（感知、想象、理解）是有机融合而形成的。人生感情具有很强的外在现实性，与其具体的功利性、实践性密切相关。但是，在美学的心理构造中，感情与想象关系紧密，所以它不是功利性的，也不是自由性的。在科学领域，想象受理性的支配，而在美学领域，想象则受感情的支配。在科学认知上，情绪必须与感觉现象相分离，而在美学上，情绪必须与感觉现象相结合，脱离了感觉现象，情绪就无法表达。在欣赏自然美的时候，情不能没有景，景也不能没有情。“我见青山多妩媚，料青山见我应如是”，情景相融，物我统一，情中有景，景中有情。审美心理结构中的情感元素还与理解元素密切结合着。因此，审美中的情感具有社会的、理性的内容，社会观念、文化思想、伦理道德是人们的情感的基础，情感必须由理性暗中控制，所谓“以礼节情”“理在情中”，情感也要导向一定的社会内容，即所谓“情以理归”。并且，情与理的结合不是那种牵强附会的凑合图解，而是互相渗透，情感的理性化，理性的情感化，就像盐溶于水，有其味而无其形。

2.艺术审美创造中的情感

在艺术创作中，情感是艺术家进行艺术创作的原动力。画家在进行创作前，已经有了生活进行了广泛而深刻的经验，把生活材料储存在自己的“印象仓库”中，而不是直接进行创作。唯有通过艺术家的心灵对这些素材进行筛选、酝酿、升华，并长时间地将其置于心中，并与之建立密切的联系，才有可能在一次偶然的机遇中，被深深地感动，激发出最初的灵感，形成一种强烈的创作愿望，进而成为艺术家内心的一股激情、一团火焰。这一内心的不安最终会回归到和谐之中，进而进入创造的过程之中。没有了情绪的起伏，就没有了创作。

从实质上讲，画家的创造过程就是画家审美情绪的物质化。艺术家在进行了一次又一次地创造之后，仍然需要对自己的感情经历进行持续的积累，并把这些经历凝聚成一幅艺术图像。

如果说，科学家的眼睛是主智的物理的眼睛，那么艺术家的眼睛就是主情的心灵的眼睛。物理的眼睛，侧重于感知事物的客观性，反映的是客观对象的真；心灵的眼睛，侧重于感知事物的主观性，表现的是主观世界的真。这是两种不同的真实。从美学的角度来看，后者却是人的心灵世界的真实，是人的精神活动的一部分。物理的眼睛是主智的，重在冷静的思考与理智的探索，对事物的反映要合理；心灵的眼睛则是主情的，重在情感的追寻与爱的期待，对事物的感知要合情。

（二）动态分析

在美学领域，人们的情绪和心理活动可以归结为一种信息反馈的过程。艺术家从生活中获得了各种各样的情绪，然后把这些情绪信号传送到他们的大脑中进行储存（也就是记忆）。与此同时，通过大脑的思维（也就是信息的加工、处理、转化），合成出新的情绪信息，再通过效果器官（嘴巴、手、身体等）以及美术媒体（这就是美术创作）传达出去，而这些情绪信息在这个时候还没有对外部世界作出反应，也没有与外部世界产生联系，而是以一种“符号”的形式（美术作品）保存了下来。因此，艺术品就是艺术家的审美情绪信息在物质上流动的一个“集成块”。一件艺术品，无声无息地展现了艺术家特有的内在世界和对外在感情生活的独特掌控，在没有与审美主体（受众）形成审美关系之前，只是将各种审美感情信息以“符号”的形式存储起来，并没有发挥出应有的作用。如果在这个时候，作品中的审美情感信息流对审美主体（接收者）产生影响，那么这就是人们的审美活动。

在这个过程中，一方面，艺术家通过人们在审美活动中对作品的反映和评价，通过反馈的情感信息，前后进行比较，从而调整下一步的情感认识和创作活动；另一方面，对审美主体（接受者）而言，作品中潜在的情感的教育功能和效应也就开始显现出来了。在这里，情感信息功能的显现可以划分为三个阶段。

1.“传情”阶段

对有意味的符号形式的“破译”，使艺术作品的外形式（形、音、色、语言等）直觉地激起审美主体的感官愉快，达到“悦耳悦目”的作用，进而引起接受者对作品的浓厚兴趣，产生诱导效应。这是情感的传递阶段。所谓对“形”的破译，主要是指审美主体对艺术作品的外部形态的感知和理解。艺术作品的外部形态一般由点、线、面、体四种要素构成，点、线、面、体的不同组合构成了对象的不同形态，不同形态具有不同的形式意味。例如，就建筑艺术来看，先于哥特式建筑的罗马式建筑，其形态多为长方形，以厚重的石材为砌筑的原料，在边廊、开口部带有圆形拱券、厚实的墙壁和簇柱，整个外部形态给接受主体以笨拙呆板的形式感，在一定程度上传达出人性受到压制和人格遭到践踏的中世纪时代的感情色彩。哥特式建筑则以线条轻快的尖拱券和大窗户、薄墙壁及飞梁为外部形态，给人以昂扬豪放的形式感，传达出中世纪民众的信仰热情和希冀摆脱尘世压抑、进入天国的被扭曲了的理想之光。战后普遍兴起的现代建筑则以整齐划一的外部形态给人以统一平稳的形式感，表现出历经劫难的世界人民的平和心态。

在对文学艺术的接受过程中，首先是对语言符码的破解。语言是文学作品最重要的外部形式之一，作品的情感信息功能深潜于语言符号之中，它本身是静止的，只有在读者的接受过程中才能变为鲜活的情感刺激。作为表达思想观念的符号的语言具有深层结构和表层结构，即“所指”和“能指”两种关系。形象是能指，概念则是所指，任何词语都具有这种结构关系。在日常生活中，语言的这种性质基本上是序列性的，这一方面是说语言的表述有一定的约定俗成的限制，另一方面是说“所指”与“能指”是一种和谐的稳态对应关系。但是在文学作品中，特别是在诗歌作品中，语言的信息功能却表现为无序列性。也就是说，“所指”与“能指”有时并不完全呈现对应关系。因而审美主体“破译”文学作品的语言结构就不能依照常规语言的性质来进行。正确的做法是“得意忘言”和“以意逆志”，在特定的语言环境中把握作品的感情。

2.“驰情”阶段

作品中的情感信息流进入接受者的大脑，与主体心灵交融，引起感情的强烈共鸣，达到“怡心怡意”的作用。这时，审美主体已进入情感角色，任凭想象的自由飞翔，在作品所展示的情感世界中奔驰。其情感世界的宏大精深、人生哲理的深邃庄严、形象生动丰富，令人感到震惊，得到启迪，受到感染，从而产生启迪效应、震惊效应。例如《红楼梦》二十三回，林黛玉回潇湘馆路经梨香院听墙内演唱，这一段描写，就形象地说明了美感的传情与驰情阶段。“墙内笛韵悠扬，歌声婉转，‘原来是姹紫嫣红开遍，似这般都付与断井残垣’，黛玉听了，倒也十分感慨缠绵，便止步细听。”[①] 这正是美感激情阶段（传情阶段）。那悠扬的笛韵，婉转的歌声，引起黛玉审美感官（耳）的愉快，继而激起审美情感，感慨缠绵，止步细听，产生诱导效应。“又唱到‘良辰美景奈何天，赏心乐事谁家院’，不觉点头自叹。再听时，恰唱到‘只为你如花美眷，似水流年’，黛玉不觉心动神摇，又听到‘你在幽闺自怜’等句，越发如醉如痴，站立不住，便一蹲身坐在一块山石上……”[②] 这正是美感驰情阶段。作品中内在的情感与审美接受者主观之情，相互渗透融合，产生强烈的情感共鸣。从止步细听到点头自叹，从心动神摇到如醉如痴，从形式到内容，说明美感层次越来越深，情感意蕴越来越丰富，情感的功能和效应也越来越大。

3.“澄情”阶段

在此基础上，审美主体利用自己的审美主观能动性，对传入脑中的情绪信息进行二次加工和升华，并将其转化为新的情绪信息，并将其存储在“信息仓库”

① 曹雪芹．红楼梦[M]．广州：广东旅游出版社，2020．

② 同上．

（也就是潜意识空间）中，起到“怡神怡志”的效果。此时，审美主体通过细细体味弥漫于心中的感情，对其进行整体把握，寻找“弦外之音”“象外之意”，从而展现出一种豁达、一种升华、一种感悟生命真谛的境界，从而达到一种净化的效果。

需要注意的是，在审美活动中，这三个阶段都是在一瞬间就可以完成的，并不是每一种审美主体都可以在每一种审美活动中进行一一的体验，虽然情感传递的水平很低，但是却是不可或缺的。如果主体没有基本的美学情结，主体和客体就不会呈现出一种美学的关系，更谈不上深入的美学活动。

试以对大自然中的山水之美的欣赏为例。清朝人叶燮说：“天地之生是山水也，其幽远奇险，天地亦不能自剖其妙；自有此人之耳目手足一历之，而山水之妙始泄。”[①] 山水本身是美的，但有待于人去感受、去认识、去开掘。主体胸中怀有深厚的审美情感，才能寄情于山水，流连忘返于山水，才能领悟到浓烈的千姿百态的美。如你到滇池游玩，你登上大观楼，向昆明市郊西山一带眺望，只见远山抹黛，绵延起伏的山陵，真好像仰卧着一位妙龄少女。她绰约多姿，清秀妩媚，柔细飘逸的长发随意浸润在九百里滇池上。故而不少中外游人到此，面对这幅剪影，都赞叹是一位动人的“睡美人”。而在一个缺乏审美力、审美情感贫弱的人看来，这位睡美人只不过是一堆石头，没有什么兴味。或者，虽然对此有一定的好感和新奇感，但情感不深不浓，也只能浮光掠影，走马观花，结果内心实在并未激发起情感的波澜，更谈不上真正的美感享受。此外，还必须指出的是，即使主体能深入“驰情”（情感共鸣）和“澄情”（情感辐射）阶段，由于主体条件各不相同，情感的网状结构各不相同，其审美感受也不可能是一致的。因此，主体欣赏到的美也存在各种量和质的差异。在千差万别的审美者眼里的西山睡美人，其资质形象也必然是千差万别的。

四、文学教育中的美育思想渗透

随着教育教学改革的不断深入和发展，全面提高学生的素质势在必行。《义务教育语文课程标准》提出：“在语文学习过程中，培养爱国主义、集体主义、社会主义思想道德和健康的审美情趣，发展个性，培养创新精神和合作精神，逐步

① 赵丽霞．初盛唐旅游诗歌研究[M]．武汉：武汉大学出版社，2018．

形成积极的人生态度和正确的世界观、价值观。”[①] 因此文学美育在教学中需要引导学生发现美、感受美、享受美，从而培养学生的审美能力，培养具有高尚情操的合格人才。

（一）从课堂导入入手享受自然美

在文学教学中，有许多导入的方式，例如：由题入文、讲故事、名言警句、古诗、欣赏图片等等。不管怎么说，这都是为了让学生更快地融入课堂中。好的引入可以激发学生学习的热情，激发他们的好奇心。比如，在教朱自清的《春》的时候，我们可以通过图片的方式，拍摄几张当地春天的照片，让他们去感受春天的美丽。然后，我们就能进入课文了：朱自清大师的“春”是怎样的？再比如老舍《济南的冬天》中，济南的冬季没有风，没有雾，没有毒，没有烈日，凸显出其最大的气候特征“温晴”，创造出“暖和安适”“理想境界”。在引入设计时，可结合本地区冬季的特点，以对比来凸显济南冬季之美。通过这种方式，学生会不知不觉地进入文章中，再一次体会到济南冬季的美丽。

（二）从课文词句入手品味语言美

在文学教学中，要在教师的指导下，学习如何去理解语言所要表达的内容和方法，去感受语言的美。文学教科书收录了古代和现代的很多著名的小说，散文，诗歌，戏剧等，可以说，每一篇文本都是艺术和艺术的完美结合，饱含着作者的深厚感情。语言是思想的“外衣”，通过对文本的体味，可以使学生更好地理解文本，更好地了解文本中的语言。例如，《从百草园到三味书屋》中的一篇文章，作者对这篇文章进行了分析。在描述捕捉飞禽的过程中，使用了“扫、露、支、撒、系、牵、拉、罩”等动词。这几个动词，精确地描述了整个捕捉的过程，显示了儿童捕捉鸟儿时的激动和快乐。又如《记承天寺夜游》中写景句子“庭下如积水空明，水中藻荇交横，盖竹柏影也”[②]。这一句运用大胆的想象，运用新奇的修辞手法，把院子里的月光“清亮透亮”的特性，表现得淋漓尽致。句中的“水、藻、荇”都是隐喻，以明净的水来比喻，又以“藻荇交横”来比喻月色下的翠竹和柏树的倒影，使人陶醉其中。

---

① 任光霞．小学语文课程与教学研究[M]．长春：吉林人民出版社，2020.

② 徐中玉．中国古典文学精品普及读本[M]．广州：广东人民出版社，2019.

（三）从课文内容人手理解社会美

社会美就是人类社会生活的美。文学课本中有好多文章是对社会生活中真善美的现象进行歌颂，对假恶丑的现象进行揭露和抨击。在教学这些文章时，要分析出它的美学意义，让学生知道什么是真善美和假恶丑。所谓“社会美”，指的就是人们在社会中表现出的美好。在对其进行教学时，应对其审美内涵进行剖析，使学生认识到真善美和假恶丑的区别。以安徒生的《皇帝的新装》为例，它以一种儿童视角的叙事方式，展现了人生的真善美和假恶丑。故事里有皇帝，有年老的大臣，有官员，有武士，有骗子，有平民，有儿童，等等。在这些人物形象中，帝王表现为愚昧昏庸、奢靡无度、荒诞虚伪、自欺欺人；文官形象表现为伪善，奸诈，自欺欺人；人们畏首畏尾，随波逐流，全是假惺惺的，只有天真的孩子才能说出真相。通过这种强烈的反差，教育同学们在现实生活中不能贪图虚荣心，要脚踏实地，实话实说。又比如《桃花源记》与《大道之行也》，都表现了一个很好的人生观。陶渊明对“世外桃源”的描述，与大同社会有许多相同的地方，例如，由桃源“黄发垂髫并怡然自乐”，我们可以看到，在那里，老少皆喜乐，与大同社会“老有所终”“幼有所长”一脉相承。教材中有许多美好的事件和内容，我们可以利用它们来培养学生的思想道德情操。

（四）从课文人物人手感受形象美

在语文课本中，有些文章呈现出不同的人物形象，我们可以在其中发掘出具有审美价值的人物形象。例如，孙犁在《芦花荡》中成功地创造了老头、大菱、二菱三个美丽的人物形象，其中“老头”是最引人注目的一个。在对老人的一系列描述中，有两个细节是：第一个晚上，他把大菱、二菱送到苇塘，失败了；第二个下午，他在水面上施展武功，把敌人杀死，报仇雪恨。这一次惊心动魄的护送，一次痛快的复仇，配合对他的行动、语言、心理的描写，以及二菱对老头子的怀疑、不信任的侧面描写，塑造出了一个倔强、智勇双全、自信、爱憎分明、有爱国抗日的热情，并具有传奇色彩的英雄老头。体会到老人的自尊，自信，勇气，这些美好的品质，同学们也会自然而然地被美所感染。再比如《香菱学诗》，这篇文章主要描写了香菱在林黛玉的引导下，读诗、论诗、写诗的全过程，并表现出她勤奋好学的求知心态。在这篇文章里，她几次提到香菱的笑容，可见她对于诗词的爱好，是一种很好学的态度。由香菱对古代诗词的评点，可以看出她是在博览群书的基础上，有了自己的见解，表现出了她超凡的领悟能力，表现出了她的好学性。经过研究分析，香菱所散发出的苦学、乐学、善学的求知精神打动了每一个学生。美丽的形象有很多，在教学中应充分发掘其中的美学元素，让学生感受到美，从而达到净化和美化学生心灵的目的。

五、文学美育的重要意义

（一）有利于提高学生文化素质

在现阶段，加强对大学生人文素养的培养，既是我们教学改革的重点，也是我们对人才培养模式的探讨。纵观全球，很多发达国家都在对教育的改革进行探讨，而这些改革的根本重点，都是以提高人才的质量为中心。在世界范围内，经济、科技之争，归根结底，都是一场人才之争。而人才素质的高低，既取决于个体所具有的专业知识与技术，也取决于个体所具有的基础素质。其中，文化素养占有十分突出的位置。对我们而言，加强对优秀文学作品的欣赏与研究，尤其是对弘扬我国优秀传统文化的文学作品的欣赏与研究，具有十分重要的意义。

（二）有利于培养学生道德规范

审美教育是文学美育的一种重要的社会功能。人之真善美，与人之德是紧密相连的。本书引出了审美领域中的社会性美，以及以社会性美为主体的文艺创作，其本质上就是一种促进“真善美”的实践行为。以美为导向，在美的事物、美的形象、美的理念的熏陶下，养成良好的品行。在我国当代，有很多优秀的文学作品，都对什么是真善美进行了真实的诠释，具有很好的感化效果。

（三）有利于净化学生的复杂情感

文学美育不仅能让当代大学生的情感得到丰富，还能让他们将积极、健康的情感发扬光大，抵制并战胜负面的情绪，让他们的情感更加纯净、高贵，进而提升学生的生活情趣，美化学生的心灵，完善学生的人格。人类的情绪是一种复杂的、有多种表达方式的感情。心理学家认为，人有低级情感与高级情感之分，其不同之处就在于前者是情景性的，通常与一时一事的具体情景相关，波动性较大，会随着情景的生灭而生灭。而后者更多的是一种理性的成分，而且更加地稳定。在学校中进行文学审美教育，目的在于使学生具备一种博大、丰富、深邃的思想意识，并能进行理性的判断。

（四）有利于开发学生智力潜能

文学审美教育在提高大学生智力水平，推动其健康发展方面发挥着不容忽视的作用。现代脑科学的研究结果显示，通过审美教育，把形象思维与逻辑思维相结合，既能激发“次要半球”的学习热情，又能弥补“优势半球”的不足，实现大脑的左右半球均衡、协调发展，从而更好地发挥人类的智慧与潜力，对于当今的大学生而言，尤为重要。许多中外知名科学家的艺术素养都很高，这对于他们在科研领域的发展，有很好的效果。事实证明，对于智力的开发、思维的促进，文学美育都起到了非常重要的作用。

第五章　高校美育的创新路径

本章为高校美育的创新路径，主要介绍了高校美育中的学生管理创新、高校美育中的教学管理创新、高校美育中的课程建设创新、高校美育中的校园文化创新四方面的内容。

第一节　高校美育中的学生管理创新

一、高校学生管理中美育渗透的方式

第一，学校应将美育因素融入学生管理中，使其在具体的管理中得到丰富。使学生在学习生活中，深刻体会到大学校园文化是美育的窗口，使学生在大学这个过渡阶段，充分体会到审美教育的魅力。对大学生进行审美教育，使其在身体和心理上都能产生积极的人生态度，从而促进其整体素质的提高。网络的发展使大学生的眼界得到了前所未有的拓展，同时也为他们提供了一个信息交流的平台。在当今网络迅速发展的社会背景下，对大学生进行美育管理是一项十分必要的工作。

第二，用审美教育的方式来对学生进行管理，能收到较好的成效。用美育的形式来管理学生，脱离传统的管理方式，能够让学生在管理的过程中感受到更多的乐趣。运用审美教育手段来发挥其思想政治教育作用，不失为一种创新。在目前的形势下，高校应积极培养更多具有创新意识的人才，而通过美学教育的方式对学生进行管理，能够让学生感受到更多的自由，从而在一定程度上促进其创新意识的自由发挥，使学生的主观能动性得到解放。

二、美育视角下的高校学生管理创新

（一）宿舍管理美育

1. 宿舍管理美育的含义

宿舍美育为学生打开了第二课堂，让他们在一个有结构、有形式的特定环境中生活、学习、休息，承担着对学生进行思想教育和精神文明建设的重任，是大学宿舍管理的一种行之有效的方法。宿舍管理中，对学生的衣食住行等各个方面进行监督、引导、管理，对学生的外部行为产生潜移默化的影响，从而让他们拥有健康的思想、优秀的品质和健全的个性。寝室美育的目的在于使学生形成美的理想，发展美的人格，陶冶美的情操，培养美的心灵，从而达到全面发展的目的。

2. 宿舍管理美育的功能

在寝室管理中，审美教育的熏陶和熏陶的作用是不言而喻的。优美的宿舍文化环境，浓厚的学习氛围，丰富多彩的宿舍活动，让学生们在这些环境中，可以耳濡目染、如沐春风，越来越能陶冶自己的性情，净化自己的心灵，慢慢地体会到生活的真谛，并在此基础上，不断地养成自己的良好的习惯和崇高的情操。积极向上、健康高雅、丰富多彩的宿舍美育可以让大部分的学生身心得到愉悦、情操得到陶冶，还可以让他们的视野变得更加开阔，让他们能够建立起健康的审美情趣，让他们能够自觉地抵制那些低级、庸俗的文化对他们的影响，让他们能够追求更高的精神生活，从而提升他们的道德修养。

高校学生既要有良好的审美观，又要有一定的审美能力。艺术审美兴趣和能力是体现个人情趣、精神气质的一种重要表达形式，它是一种认识、评价自然与生活的能力，是模仿、学习高雅文化的先决条件，具有高雅的审美能力是一个完美的人的关键。学生宿舍是最能直接反映出学生的审美情趣的地方，从床头布置到衣着打扮，从室内的练习，再到舞台表演的每一个动作，都会传达出一种美的信息，这些信息都在对学生的审美和创造美的能力进行培养和提升。在寝室美育中，学生不仅是创作者、教育者，而且是主体、被主体。由于学生的这一双重身份，使他们的审美能力、创造能力得到了很大的发展。学生寝室中，桌椅整洁，地板清洁，学习、生活用品摆放整齐，格调高雅，这些都能在不知不觉中对学生产生影响，有助于他们提升对欣赏美、创造美的感知和能力。寝室审美教育具有“软性”的道德教育作用。

3. 宿舍管理美育的手段

（1）优化宿舍环境软硬件

大学生在寝室中生活、学习时间较长，寝室环境对其心境修养、思想情感培养具有重要影响。校园生活是一种社会活动。社会环境的改善应从校园环境的改善入手。全体教师和学生要用艺术的精神来改造校园的环境，凡是应该改造的地方都不能松懈，才能体现出真正的精神。教师和学生如果不能一起改变学校的环境，就妄言社会的改变，那是一种自我欺骗。一个好的寝室环境，可以使其在不知不觉中起到很好的熏陶效果，在培养学生的审美情趣和审美能力方面起到很大的作用。良好的寝室环境对营造积极、健康、文明的寝室气氛具有重要的影响。

当前，一方面，高校正在逐渐对学生宿舍的环境条件、基本结构和有关设施进行改进，特别是应该为开展宿舍文化活动，提供与之相适应的活动场所及与之相适应的服务、咨询机构，让学生宿舍集学习、生活、休闲、娱乐、审美等功能于一体，最终形成宿舍墙壁洁白、地板清洁、空气清新、窗户明亮，生活用具、书籍摆放整齐的宿舍环境。这种寝室环境能在不知不觉中对学生进行美的教育。另一方面要引导同学们主动参与美化寝室。以“美化宿舍”为主题，使同学们能更好地发挥他们的智慧，把他们内心的美表达出来。同学们或是摘录自己的箴言，或是设计制造一些小工艺品，或是贴上名人的字画，或是装饰寝室的天花板、墙壁、床头。学生对自己所处的环境进行了美化，同时，环境也对学生产生了影响，从而提高了学生的审美情趣和创造美的能力，充分激发了学生对群体生活的热爱，起到了宿舍环境潜移默化的陶冶作用。

（2）加强宿舍管理制度建设

寝室管理系统的建立是寝室管理审美教育的重要保障。建立健全有效的校纪校规，是保障学生学习和生活的良好环境，培养学生良好的行为习惯的重要手段。许多学校还出台了《宿舍管理规定》《文明宿舍检查评比细则》《文明宿舍奖励办法》等制度，将文明宿舍的评选工作与学校的各项考核工作以及学生的切身利益紧密联系在一起，将文明宿舍的创建工作与学生的优胜劣汰联系在一起，使学校的管理工作有条不紊，奖惩有章可依。高校寝室管理制度是高校寝室管理的重要组成部分。例如，学生宿舍的内务值日制度对宿舍的每一名成员轮流值日的具体事项进行了规定，这样不但可以为所有的宿舍成员营造出一个优美、整洁的学习和生活环境，让每个人都有一种轻松愉快的感觉。同时，在清洁宿舍的卫生、整理宿舍内务的过程中，还可以培养学生的自我服务意识，让他们珍惜自己的劳动成果、呵护美的意识，从而对学生的审美和创造美的能力进行锻炼和提升。

(3) 用先进文化主导宿舍文化建设

在先进的文化观念的指引下，构建起一套完善的宿舍文化建设的长效机制，把审美教育融入日常管理和服务的各个方面，让宿舍文化由浅及深。首先，从宿舍管理的角度出发，结合学校的具体情况和专业特点，不断地探索、发展有特色的宿舍文化，强化学校的主流文化对宿舍文化的引导，引导同学们树立正确的立场、观点，自觉地抵抗某些低级、庸俗的文化的影响，追求更高的精神境界，提升自己的道德修养，培养自己的人格魅力。将先进文化运用到网络、宿舍报栏等思想政治教育的宣传阵地中去，引导学生们自觉地抵抗低级文化的冲击，培养出一种健康的审美情趣和高尚的道德情操。其次，要积极引导大学生进行与生活和现实相结合的寝室文化。可以在宿舍区举办丰富多彩、格调高雅的文化活动，并辅以比赛、表彰等方式，让更多的同学踊跃参加。在参加集体活动的过程中，学生可以培养兴趣，陶冶情操，发展自身各个方面的能力，进而提升自己的审美能力和创造美的能力。

寝室虽小，功能却很大，寝室管理中的审美教育是学校管理工作中的一项重要内容，也是影响高校学生成长的最主要因素。高校寝室文化建设是高校寝室文化建设的重要内容。充分发挥宿舍楼的独特结构与形态，运用多种素材与方法，进行宿舍楼的审美教育，可以提高学生的心理素质，不断开拓生活的新领域。所以，在大学里，应该充分关注寝室管理中的审美教育。

（二）心理健康管理美育

1. 当代大学生的心理健康状况及影响因素

在当今社会，随着生活节奏的加快和社会竞争的加剧，人们所承受的精神压力也在与日俱增。大学生是一个特殊的社会群体，在当今社会迅速发展的今天，他们所面对的压力与挑战越来越大，其心理健康问题也越来越令人担忧。

随着社会的发展，大学生的心理问题越来越突出，如何做好大学生的心理健康教育，已成为当前高校教育工作不可忽视的重要环节。

单纯的心理健康教育，并不能很好的解决学生的心理健康问题，而“学科渗透”才是最好的办法。因为美育突破了狭隘的功利观念，又是一种自由形式的教育，因此，美育更易于与其他教育融为一体，渗透其中。因此，美育在培养大学生健康心理方面起着无可取代的作用。

当今的大学生，已经不再是象牙塔中的天之骄子，他们正处于社会转型时期，身处这个充满着各种机会和挑战与竞争的社会中，他们肩负着更多的学习压力，承担着更多的社会责任，同时，社会对这一批国家的未来之柱的期望也越来越高，对他们的要求也越来越全面，越来越严格。同时，当代大学生也处在一个“十字路口”，他们面临着各种各样的思想、观念、情感的冲击，面临着各种各样的抉择与挑战，面临着各种各样的生活问题。当前，大学生心理问题呈现出前所未有的突出、复杂和严重，加强大学生心理健康教育具有十分重要的现实意义。

心理问题的构成通常比较复杂，在大学生群体中，有些人由于对自己的否定或拒绝而几乎丧失了做任何事情的欲望和自信；有些人因为考试不及格而自暴自弃；有些人对现实感到愤世嫉俗，有些人对现实感到失望；有些人因为人际关系上的分歧而把自己封闭起来。从总体上看，主要有主观和客观方面的因素。

（1）自身人格、个性和心理特征的影响

当代大学生正处在青年中段，是人的一生中心理发展变化最剧烈、内部冲突最激烈的阶段。的确，大学生的心智通常都比较成熟，他们有着美好的理想，他们充满了活力，他们充满了强烈的求知欲，他们的竞争意识很强，他们有很强的逻辑思维和辩证思维能力，他们在遇到事情的时候通常都会有自己的主见，并且还能判断出对错利弊。但对于大学生来说，这是他们第一次单独面对一个比较陌生、比较复杂的环境，还要在这种环境中提高自己的各种能力，例如学习、社交、独立生活、设定目标等，虽然他们的个体心理可以获得积极的发展，但也不可避免地会遇到一些或大或小的困难和挫折。这对于心理素质尚不完善但情感丰富、情绪激荡的大学生来说，就有可能会转变成严重程度不一的精神危机或心理疾病，此时原本是积极的心理特征也会转变成消极甚至是有害的心理特征。

（2）社会环境的影响

每个人都生活在一定的环境中，他们需要在这样的环境中寻求生存，寻求发展。在这样的环境中，每个人都可以持续地获得自己的个人心理发展。所以，环境可以对人的身心发展的方向和性质进行限制，对身体和精神发展的速度和进程产生影响。在影响大学生心理健康的各种环境因素中，不仅包括了转型时期所暴露出的一系列社会问题，比如环境问题、治安问题、贫富分化、就业难等，它们之间的关系十分复杂，这些都有可能让大学生们觉得自己的未来很渺茫，因此会产生很大的失落感。也有良莠不齐的信息传播带来的负面效应和家庭经济贫困或父母离异等家庭因素，这些都会对大学生的成长造成不良影响，导致其心理异常。

通过上述的分析，我们意识到，要想培养大学生的健康心理，不仅要注重他们的内在心理结构和人格品质的培养，还要注重他们与外界的联系，教会他们如何与外界保持和谐。

2. 心理健康教育中的美育渗透

心理健康教育中美育的渗透主要体现在以下几个方面中。第一，人格心理结构的完善。大学生心理健康教育中的基本目标就是人格教育，让学生拥有完善的人格心理结构。而人格教育也是审美教育的重要目标。第二，培养爱心。健康的心理包含爱心，一个心理健康的人必然对社会、对世界、对环境、对生活、对人生充满了爱。而这种爱正是人具有审美心胸的表现，人只有拥有审美的能力，才能在面对万事万物时，从中发现美，感受美；也只有在拥有健康的心理的情况下，人才有可能从周围的事物中发现美。从这一个角度讲，心理健康教育与审美教育之间是相互渗透的。第三，自我实现欲望的激发。人们对大学生心理健康列出的无数条标准，可以高度概括为生存、发展两大方面。而发展的问题，如充分发挥潜能，保持创作的动力，自主，自信，成就感等，亦即自我认识的问题。完全体会到了自我生命本质的光辉，直观地感受到了自我心理潜力的无限活力，一定会强烈地感觉到了自身生命的价值和意义，领悟到了生命的高贵和美好，就会自然地形成并维持着实现生命价值的激情冲动。一个拥有审美心胸的人，会始终对生活保持着浓厚的兴趣，对未来充满着美好的憧憬和坚定的信念，常常会产生灵感，产生一种展现自我、实现自我、创造新事物、追求新世界的强烈欲望。而在自我实现欲望的激励下，学生会自觉去接受审美教育，因为审美教育能够让学生寻找学习、生活乃至人生的真正意义，进而找到实现自我的正确途径。因此心理健康教育中的自我实现教育中必然渗透了审美教育。

第二节　高校美育中的教学管理创新

一、高校美育教学的重点

我国大学的审美教育，在其具体的教学实践中，运用和创新了各种审美教育方式，并且还在不断地发展和完善。但是，如果我们以“美”为中心来看待美育的方式，就会发现其中的某些问题，例如，主要的教学方式和方法太单一了，只注重知识的传授，而忽视了情感和实际经验的培养。教育者和受教育者在教育的过程中都存在着一种急功近利、浮躁短视的心理。在实际生活中，反映出来的就是：在激烈的竞争以及学校、家长的高期望下，学生们一味地追求分数，从而造成了某些学生的片面发展，从而造成了个性上的缺陷。从“以美为成人”这一审美教育理念出发，结合目前大学审美教育中存在的实际问题，大学审美教育应以知识传授、实践体验、环境熏陶、自我教育、情感共鸣、朋辈交往为主要内容。

（一）知识传授

美育中的知识传授法，指的是将美育的基本知识或常识，以课堂教学的形式，直接向受教育者进行传送和传达，它是在大学中最基本和最常用的一种教育方法。

以“讲授法”和“学习宣传法”为主要内容的教学方法。首先是以知识为导向的教学方法。“知识性教学”是指以“口授”方式对学生进行美学性教学的一种教学方式，是运用最为广泛的一种理论教学方式。在实施知识教学时，要注意以下方面：一是要保证教学的内容的正确性；二是要保证教学的科学性；讲解要全面、系统，同时也要寻找到理论和实际的结合的方法。讲解要采用启发式的方式，逐步引导，避免注入式、填鸭式。其次，加强对法律的研究。“学宣”就是利用多种媒体、舆论手段，对大学生进行美育理论知识的教学。这一教学方式主要是由专业人士为学生作有关审美知识的讲座、阅读指导等，从而达到传播美学观，启发学生思维的目的。理论宣传法具有很强的系统性，覆盖面很广，它不仅对受教育者产生了影响，还可以创造出一个良好的舆论环境，推动并引导学生主动学习。

“传授式”有如下基本特点：第一，“传授式”是指在审美教育中，教育者和受教育者都清楚地认识到自己是在进行还是在接受。这种特性要求，教学方法只有以受教育者真心诚意地接受为前提，才能得到切实的实施。第二，“传授式”具有体系化的特点。知识传播通常是一种较为持久的教育活动，其对象是较为固定的受教育者，其实施的时间和地点也较为固定。这就为教育者进行充足的教育准备，完整系统地、有目的、有计划、分步骤、分阶段地开展美育提供了现实可能性。第三，通俗性强。知识的传授简单而又容易实现，通常情况下，只需要有一到两个专门的美育理论教育工作者，并且有一个足够大的教学场地，就能够在同一时间对几十个甚至几百个受教育者进行教学。

在教室中进行美育的普及，教师们不但要向学生们灌输美学的基础理论知识，而且要引导学生们了解美的起源、本质、规律，认清审美对象的价值，并掌握欣赏美和创造美的原理和基本方法。在日常的学习、工作、生活中，让学生在生活中亲身感受到客观世界和人自身的美，对比辨别真善美和假恶丑，并作出正确的评价。例如，在教学中，教师在“社会美”的教学中，可以指导学生通过与自己比较，找出自己的不足之处，确立自己的奋斗目标，要求自己不断地提高自己，从而使自己再一次处于一个恰当的位置上。学生对美的认识和体会，总是多一些感性的东西，而少一些理性的东西，所以难免美丑不分、高下难分。在学习和教授美的知识和理论的过程中，可以在理性的层面上，让学生对美的本质、规律、类型、形态有一个清晰的了解，对各类艺术有一定的了解，进而提升他们对美的鉴赏力，促进他们个性的和谐发展。

（二）实践体验

实践体验是指受教育者通过自己的体验，使其社会化，从而对美的原理有更加深入、更加精确的理解，从而提高学生的审美和创造的水平和能力，促进个人的身体和心理的和谐发展。体验是以自己的经验为基础的，通过自己的感觉，自己的知识，自己的理解，自己的情感，自己的生活经历，从而达到“意义世界”与“价值世界”的统一，并最终形成一种审美的态度。在“经验”的世界里，所有的对象都被赋予了生活的意义与情感。体验能超越经验而达理智，超越物质而达精神，超越短暂而达永恒。

以美为成人在美育中的实践体验就是指学生在经历某些对象后所产生的与之相对应的心理改变的行为。经验是实践体验的基本特点，经验不仅包含了真实的经验，而且还包含了精神上的虚拟经验，也就是所谓的“心”经验。“实践体验”是“知、意、行”的综合回应，是“知、意、行”的统一。把人的所有外部现实都主体化和内在化，使之成为人内在生命的有机组成部分。

“美”是一种对成人进行审美教育的有效途径，是一种无可取代的教育方法。让学生体验真实的审美生活，一方面，可以让其在感性认识的基础上，对自己所学习掌握的美育的知识和理论进行验证，这对增强审美理论教育的效果是有利的。另一方面，还可以在实践体验中，获得新的感受。在此基础上，提出了“以人为本”“以物换物”的教学模式，以实现个人的审美需求与提升，从而推动学生的身体与心理的和谐发展。

在审美教育中运用“实践体验”教学方法应坚持：第一，构建“实践体验”教学的长效机制；实践，认识，再实践，再认识，这是一个无限循环的过程。大学生的审美观存在着一定的波动性，如果想要通过一次的实践活动来实现对学生审美能力的提升，那是不切实际的。因此，应该构建一个审美实践的长效机制，以适应新时代下大学生美育面临的新形势、新问题，灵活利用并积极创造出多种适宜的实践形式，逐渐提升大学生的审美观和审美创造能力，推动学生个性的全面发展。第二，要引导学生的实践性体验。不能把实际体验运用到科学的组织中，常常很容易停留在表面，流于形式。为了达到更深层次的教学效果，应强化教学实践的指导。首先，应根据当前大学生审美价值取向的客观需求，制订一套“体验方案”。其次，要引导学生在经历的过程中，自觉地进行观察。要为学生提供相关理论支撑和对比参考对象，引导学生深入理解，使学生在思想和情感上产生共鸣，从而获得美的享受，并受到深刻的教育。

（三）环境熏陶

大学生思想活跃，情感丰富，拥有一定的文化教育和科学知识，大部分学生都具备了诗人和浪漫主义的性格，他们的情感很容易被激发出来。居住环境对学生的学习有很大的影响，与学生的学习息息相关。将审美价值观教育化解到他们熟悉的生活中，利用环境熏陶感染的方法进行教育，往往会起到事半功倍的效果。社会、家庭和学校共同组成了学生生活的整体环境，对大学生而言，校园是他们学习和生活的最主要的地方，因此，有校园特色的人文氛围、校园精神和生活环境，都是审美教育的一个重要手段，同样，它对大学生的个性培养也有很大的影响。所以，在美的成才过程中，环境陶冶的方法，其最重要的载体就是校园文化。

只有营造一个健康的校园环境，才能促进大学生的健康成长，才能对大学生进行素质教育。首先，营造出一种令人一见就觉得赏心悦目、舒适得体的良好校园环境，同时也能提高人们的审美情趣，提高人们的审美水平，这是一种很强的教育能力。拥有一定文化理念的和谐的建筑结构，绿树婆娑、花木扶疏的校园绿化，干净整洁的教学生活环境，让学生在校园的每个角落都能感受到文化、文明和美。其次，通过校园文化活动，使学生有更多的机会去寻找美，从而提高他们的审美情趣。美的发现是美的先决条件。在大学里，有各种各样的社团组织和各种各样的活动，比如读书会、演讲会、朗诵会、文学社、科学兴趣小组等。在阅读、影评、音乐会等活动中，可以发现和体验艺术美。艺术美是一种具有强烈表现性的美感，它能给人以视觉上的冲击，并能使人的情感得到陶冶，从而使人逐渐产生一种对“真”“善”的感受。最后，在大学里，教育管理制度的科学，教育方式的民主，良好的校风学风，平等和谐的人际关系，丰富多彩的文体活动，良好的校园文化氛围，这些都像是纯净的空气，适时的春雨，让学生在潜移默化中，自觉地成为一名优秀的人才，这对他们的健康成长有积极的影响，让他们在行为、语言乃至心灵上都受到了影响，形成了高尚的、完善的人格，促进了他们个性品质的全面发展。

在使用环境熏陶方法时，要注意以下几点：第一，在形式上，要让人喜闻乐见，要有一定的吸引力和感染力，只有这样，才能让学生产生感情上的共鸣，从而实现对学生进行熏陶教育的目标；第二，强调充分发挥大学生的主体地位，指导、鼓励大学生积极参加各种文化活动，创作出高质量的文艺作品，使大学生在参与、创作中感受到自己的激情。

（四）自我教育

大学时期是一个由青少年到成年的过渡时期。这个阶段的年轻人，在心理上已有了独立的意识，具有很强的思考能力和观察力。他们看事情往往是带着批判性的，事实上，他们更信任自己的判断力。大学时期是一个人的思想观念和价值观、人生观和世界观逐步形成的时期，它对一个人的个性发展起着极其重要的作用。

“美”成人美育中的自我教育方法，其特征是自觉、主动，是受教育者通过自身的审美活动，不断提高自身的审美水平。这一理论的基础是“外在因素通过内在因素而产生的辩证法”。由于教育者的教育活动只是一个外在因素，它不能代替人们的认知、内化和实践活动。

在“以美”成才的过程中，自我教育起着非常关键的作用，它对提升大学生的审美素质、健全个性起到了很好的作用。自我教育具有以下自教的功能：一是有利于教师与学生的融合，以美为本，美育是他人教育和自我教育的有机统一。教师的他育是大学生自学的基础与前提，而自学又是提高大学生自学能力的关键与保证。自主学习使受教育者在学习过程中的主动性得到了最大程度的发挥。它能让教育者自觉、主动、积极地进行自我学习和自我修养，从而提高被教育者的美学素养，并对大学生形成健康的个性起到促进作用。二是有助于提高教育工作者的自学能力，“教”的目的在于“不教”，“不教”的对象必须具备“自教”的能力，方能做到“自立”。所以，“以美为本”的自育过程，本质上就是一个提升学生自身美学素养的过程。在自我教育的过程中，学生通过自我学习和自我发现，不断地提升自己的审美能力，不断地完善自己的审美心理结构，不断地提升自己的个性。

美育过程中实施自我教育法时要注意如下问题：第一，强调自我教育与强调他教是高度一致的。对美育中自我教育的强调，是基于美育的个体性和美育目标实现的自我建构性，但绝非意味可以降低对美育实施者的要求。相反，这恰恰提高了对教师的责任和要求。实施自我美育要求美育实施者必须具备更高的教育责任感和教育艺术。第二，自我教育实施个体的教育，强调个体在美育中的责任和积极性。强调自我教育，恰恰同时强调了集体教育，强调了学生在互动交流中实现的个体审美培育。第三，自我教育不是故步自封、闭门造车，而是强调个体要勇于在生活实践中受教育，要把理论学习、艺术体验和社会实践紧密结合起来，在实践活动中不断提高自己的审美能力，养成良好的人格品质。

（五）情感共鸣

审美教育中的“情感共鸣”方法，就是在审美教育中，把自己的丰富的情感融入审美教育中，去触动学生的心灵之弦。通过这种方式，实现了教师与学生之间的情感共鸣，达到了认识上的一致，从而达到了更好的教学效果。它是一种集“教”“悟”“练”“德”“智”“化”“形”于一体的综合教育方式。美育强调的是对教育对象的情感的调动，以及对其进行情绪的激发。一个人个性的发展，始终是一个客观对象逐步将其内在化为个人情感的过程。因此，道德教育不仅可以通过道德教育来获得，更重要的是要通过情感的感染和个人的感情体验来获得。

在进行“美”教育中的“情感化”教学时，要坚持并掌握好“情”与“理”相结合的原则。这本质上就是要在审美过程中所表现出来的情感，必须是被人们普遍认同的，可以激发人的积极性，培养人的美好情操。在实施情感共鸣法时，要贯彻健康有益、格调高尚的基本原则，对大学生进行理性思维培养，指导他们重视精神和情操的培养，坚定他们的世界观、人生观和价值观。

高校学生审美活动的情绪化特征，决定了要在大学生中在进行“以美为本”的教育。它的具体形态主要有：课堂气氛、课堂教学过程、课堂教学语言和课堂教学手段。要营造一个令人愉悦的教育环境，来提升美育的效果，让学生们在一种令人愉悦、温暖的教学氛围中，在不知不觉中提升自己的审美水平，同时还能净化自己的心灵。在课堂教学中，要使学生的主动性、自主性和经验性得到最大程度的发挥。在教学过程中，要有意识地设计每一个环节，使学生能够主动地去感受美、体会美。

良好的氛围，自由的讨论，将启发式与愉悦性有机地融合在一起的教学艺术，使得整个课堂的气氛变得既热烈、紧张，又变得轻松、自由，从而激发了学生的学习兴趣和积极性，让他们能够主动地进行思考和探索，让他们自己去体会美育的内涵。把丰富的感情融入具体的教学活动中，从而产生情感共鸣的效果，这就是“美”对成人进行审美教育的一个突出特点。

（六）朋辈交流法

在美育中，朋辈交流法指的是在同一背景下，或者因为某些原因，使得拥有共同语言的人，以一种平等的对话和交流的方式，在一起分享信息、观念或行为技巧，从而达到提升审美水平，促进个性发展的目的的一种教育方法。

审美教育是一种特殊的教育，它要求人们主动地参与，而人们的主观能动性在很大程度上决定着审美教育的效果。但也有一些调查显示，根据大学生的生理和心理特征，他们对于朋辈交流的教学质量有很高的评价。这主要是因为朋辈之间的交流所营造出来的平等、尊重的氛围，让学生脱离了教师的授课，并且避免了学生只有被动地接受知识的情况，同时还会避免自我意识被压制和控制的情况。

因此，从一定意义上讲，朋辈交流是最为平等、最为透彻的沟通。因为交流者的地位是平等的，所以学生们可以没有任何顾忌，畅所欲言，还可以大胆地提出问题，进行激烈的辩论，在毫无保留的互动交流中，他们可以解答疑惑、修正偏颇、坚定信念。与此同时，因为交流的两个人的身份和背景都差不多，所以朋辈的交流更容易引起感情的共鸣，从而实现彼此的认可，结成深厚的友谊。朋辈交流法还可以让学生在交流的过程中，可以利用互通有无的方式，来充实自己原有的认知体系。尤其是在争论的过程中，他们很容易产生思想火花的碰撞，从而发现新的理论视角和观点，从而促使学生展开更深入的思考和研究，对大学生的创新能力起到启发和培养作用。朋辈交流的这些特征，使得学生们的审美认识和鉴赏力都有了很大的提高，让他们的审美想象力在热烈的辩论和迅捷的思考中得以飞翔。与此同时，因为朋辈交流经常是以多个学生的集体参与为特征，他们会以组合和结队的方式进行，培养了大学生的团队合作意识，促进了大学生个性的协调发展。

二、高校美育教学管理的创新方式

（一）构建科学的美育教学观念

1. 建立科学的美育教学观念

（1）科学合理地认识和理解美育

排除错误认识是科学合理地认识和理解美育的基础。第一，从特点和功能角度来认识和理解美育与艺术教育。美育涉及的内容和范围更广，美育除了包括艺术美之外还包括自然美和社会美。在目的任务角度，美育是通过提升情感、完善人格来提升审美能力，是将艺术教育、人文教育、情感教育、审美教育等包含在一起的教育。美育相较于艺术教育专业性较弱。

第二，认识和理解美育和一般美学知识教育的区别。美育不仅仅停留在一般美学知识的普及上，更注重行为上和情感上的主体审美引导，对美的热爱、向往和追求通过心灵的美化和人格的完善，通过自己的审美情感实现美的创造。

第三，正确理解道德教育与美育的区别。道德教育与美育二者在性质、目的、方法等方面是有区别的。道德教育指的是道德情感和能力的教育，是对人的行为进行制约的一种规则，它与美育在性质上是完全不一样的。美育是对美的感悟、欣赏与创造能力进行教育，目的是使人们在美育中得到灵魂上的解放与自由，具有超功利性。道德教育则不然，它具有极强的功利性，以理服人，因此需要借助榜样的作用；美育则依靠启发感悟和重情重感的召唤。只有当我们正确地认识和了解了美育的性质、特征、作用、方式和内容时，高校美育才会真正发挥作用。

（2）完善美育教学的社会理念

美育作为一种人文教育和情感教育在促进学生全面发展和塑造健康人格方面有着极其重要的意义。因此，先进国家一流大学均持有这样的一种观点“无美育的教育是不完全的教育”。美育为教育的重要组成部分，并将其变成通识教育。人文教育领域包括人文学科、艺术学科和社会科学等，在深化高校教育领域综合改革关键时期，必须转变无视人文教育和片面追求科技教育等传统观念，确立无美育教育为不完整教育的观念，引导教育领域综合改革向纵深有序发展。

2. 响应国家号召

美育是一种审美教育，同时是一种情操教育与心灵教育，它不仅可以促进人们审美素养的提高，而且可以在潜移默化中影响人们的情趣、心灵、气质，滋养人的心灵，鼓舞人的精神。美育和道德教育、智力开发教育、体育是互为补充，互相促进。几年来，在各地区和有关部门的努力下。高校美育有了长足的进步，在提升学生审美和人文素养，促进学生全面发展等方面起到了不可忽视的作用。但是，从总体上讲，美育仍然是我国整个教育事业的一个薄弱环节，具体表现为部分地方与高校没有充分认识到美育的育人功能，重视应试而忽视素养，重视少数而忽视全体，重视竞赛而忽视推广等。应付、挤占和停开美育课等问题依然存在，资源配置不过关，师资队伍缺额大，统筹整合协同推进机制缺失。为了进一步增强美育的育人功能，促进高校美育的改革与发展，根据国务院批准，提出下列意见。

（1）指导思想

全面落实党的教育方针。将立德树人作为根本任务来抓，贯彻落实文艺工作座谈会所提倡的精神，根据国家中长期教育改革和发展规划纲要的要求，将社会主义核心价值观的培育与践行融入高校美育的全过程。吸取中华优秀传统文化中的文明成果，引导学生树立健康的、积极的审美观，陶冶学生道德情操，培养学生深厚的民族情感，培养学生的创新意识，使其具有广阔的视野，同时胸怀宽广，做好德、智、体、美全面发展的对社会有贡献的接班者。

（2）基本原则

秉持以培养人才为中心的理念，致力于覆盖全体。在全面推进各级各类学校美育发展的基础上，以美育人、以文化人为核心，注重解决基础教育阶段美育存在的突出问题，缩小城乡和校际的差距，确保每个学生都能够平等地接受美育。

坚持因地制宜、分类指导的原则。将问题作为中心，全面考虑到不同地区的差异性，特别关注偏远的农村地区、贫困地区和民族地区的美育教育，帮助其改善教学环境，加强分类指导，并根据地区和学习情况实施美育，鼓励特色发展，坚持整体推进和典型引领相结合。

秉持改革创新的理念，协同推进各项工作。加强高校美育的综合改革，全面协调美育发展，推进德智体美的融合。通过对各类美育资源进行整合，推动高校和社会之间的联系，实现齐抓共管和开放合作，从而营造全社会对美育发展和学生全面成长的高度关注和支持氛围。

（3）总体目标

初步构建一套具有中国特色的现代化美育体系。其中包括美育相互衔接；普及美育教育，使其与专业教育相互促进；联结高校美育和家庭社会美育教育等。

3. 明确美育定位

在各类教育活动中，高校美育教学的根本目标是为受教育者提供对其学习成果的预期和构想。一切教育活动都是根据教育目标开展的，每一种教育理念都会孕育出潜在的教育目标，这些目标可以反映出学生在认知、情感、思想和行为等方面的变化。在当代，高校对人才的培养提出了新的要求，如积极乐观、自我创新、自由独立、热情开朗等，为满足这样的培养目标，需要高校美育的参与。在美育中，审美需求作为一种内在动机和审美经验的意识，能够唤醒审美主体的认知，并在美育内容中扮演着支柱性的角色。

（二）重视美育教学的目的性与系统性

美育是一个封闭的系统，而且美育也是在整个高校教育过程中不断渗透实现其思想理论与行为方式的过程，因此美育系统的有效运行离不开高校系统教育。在美育实施过程中，根据社会教育的发展不断调节美育教学措施，利用影响审美的各个因素，以及高校教育中的各个环节实现美育最佳效果。因此，深化美育理论的研究作为理论基础，必须被放在首要位置。

1. 美育教学的目的性

美育教学的最终目的是适应社会发展的需要。美育的有效运行和取得效应，必须建立在社会实践对其所提出的要求之上，这是社会推动的必然结果。美育应当以社会实践的要求为指导，将其转化为自身的自觉行为，以促进学生的全面发展。在我国的现实情况下，实现社会主义现代化建设的伟大实践、推进社会主义物质文明和精神文明建设的伟大实践，需要美育服务于培养全面发展的人，为社会培养全面的人才，这也是美育教学的目标和方向。同时，美育的实施不仅是对于学生进行美育教育，而且也是要约束教师、学生以及参与美育各个环节，确保其有效运行的组织力量，共同进行审美的提升以及审美创造能力的培养，这也是社会对于美育的需求，这种势头不能超越高校美育与活动的承受范围以及承受能力。确保美育活动在自主的高校教育范围内有效实行，成为美育研究的推动力和调节力。

2. 美育教学的系统性

作为高校教育的一个子系统，高校美育与其他教育必须紧密地联合在一起，形成一个完整的系统，并且确保美育在这个系统中能够与共同目标相融合。从整个教育体系的有效运行来看，把握美育是整个系统活跃的一个重要部分，而且也是不可或缺的依赖。首先美育依赖于其他教育活动，在其他高校教育实施活动过程中不断提升学生的审美价值、道德理论实践性、行为能力、智力发展、逻辑思维方式、知识结构和审美素养。通过美育，促进学生的情感净化以及审美情感升华；美育为体育和劳育提供一种精神支撑和意志力，作为这两种教育顺利开展的精神支撑和动力支持。同时，运动技巧和运动操作技能也为美育提供感性的条件，不仅有助于学生审美素养的提高，而且还能为审美创造力的培养奠定基础。

高校美育不仅需要适应社会的需求，需要整个教育系统和高校教育的支持，还需要一些自身的因素——审美运行机制进行调节。因此重点强调美育的有效运行内在机制，主要包括美育的施教者——教师、高校美育的受教者——学生，以及审美媒介——教学过程。其中，受教者也就是学生处于课堂教学的主体，因此在美育过程中处于主体地位，只有学生积极地进行自我调节，以配合美育的实施，才能确保美育达到最好的效果。而教师主要的工作就是在教学过程中调节学生与课堂之间的关系，确保学生在课堂教学过程中以及其他课堂实施过程中，能够感受到审美价值和审美素养对于学生自身发展的重要性。这就要求教师必须要了解学生的审美需求以及审美能力，减少学生与课堂教学内容之间因不协调而产生的矛盾。教师还需要在教学过程中选择有效的教育目的和教学方法，适应学生审美能力的需求，才能实现因材施教的美育，才能确保学生在高校教育过程中通过审美媒介进行审美经验的积累，以达到审美能力的提升。

对于审美受教者而言，了解美育目的、审美施教要求以及审美媒介的性质，并根据自身的审美需求和能力，通过观察和操作来感知、领悟审美媒介的审美价值，激发审美经验，从而实现和落实美育目标，是必不可少的。在进行卓有成效的美育时，我们必须充分考虑到受教育者个性的多样性和审美媒介的多彩性，同时也要注意由此带来的美育情境多角度的变化。因此，我们需要根据实际情况，采用灵活的形式来调节美育系统活动，以确保其有效运行，而不是停留在固定的模式上，从而使美育活动失去活力和有效性。

（三）创新美育教学模式

1. 构建多元化的美育教学模式

优化美育教学模式的应用，对于提高美学教学效果至关重要。美育教学的教学体系与传统的教学模式有区别，具有多元化的特点。

首先，在课程安排上，美育教学应该采用必修课和选修课结合的方式，这样可以确保所有学生都能学习美育课程，并让学生根据个人兴趣和审美需求自主选择课程。课程安排指的是对每门课程的学分、课时、年级等方面进行具体的规划和设计。可以根据不同年级的特征，安排具有个性化特点的通识美育课程。针对大一、大二学生，主要提供基础性课程和导向性课程，可建立必修体系；而对于大三、大四学生，我们则更注重开设能够满足不同层次需求的通识美育课程，旨在帮助他们进一步拓展此方面的知识储备。通识美育课程体系尝试将美育与看起来不相关的学科有机结合，如生物、数学、机械等专业，也将美育与哲学、法学、历史等学科联系起来。这样做可以发挥各自的专长和优势，让每个学生从这种创新的美育中获得全新的感受。通过提供多样化的通识美育课程，我们可以培养每位大学生的良好审美素质和高尚道德情操。

其次，美育教学需要将理论知识与实践教学相结合，同时重视教学方法的应用。除了传授美的知识，以美成人的教育目标还包括培养学生在教育活动中发展出感知美和创造美的能力。传统美育教学模式过于重视理论知识，却忽略了学生的主观能动性。因此，美育的教育效果无法发挥到应有的水平。因此，大学需要实现教学方式的实践性、自主性、创新性、趣味性相结合，使学生身临其境地感受美学教育，并培养创造美的能力。

最后，美育课程需要与当前国内高校的培养目标和大学生实际需求相匹配。国外的美育教学理论已经经过多年的发展和完善，国内高校借助分析总结这些理论，以客观的态度认识到它们的长处和不足，并结合中国传统文化，形成具有本土特色的美育教学理论。我们需要在编写教材时，注重实用性知识的选择、组织和编写，同时确保有效地传授实践经验。美育教材的理论应当既深入又易懂，它需要结合实用性和可读性，以帮助学生树立健康的审美观，提高学生发现、感受、创造美的能力。

2. 推进美育教学团队建设

要想教学能够顺利进行，首先要有优良的师资队伍做保证。特别是通识美育课的开设，它的教育目标是培养学生的综合能力和素质，更应该建设一批高素质的教师团队，保证美育课顺利进行。高校应根据自己的特色，将专职教师的优势发挥出来，同时还可以引进一批兼职教师，将对教师的培养、引进、进修和培训相结合，着力打造一支团队结构合理、具有明显梯队、分工协作的教师队伍。第一，实现美育教师团队的专业化，确保师资数量充足和教学质量优异。第二，提高美育教师队伍整体素质，可通过教师的自我培养、自我提升来实现。第三，做好美育教师队伍的评价考核，确保师资队伍建设的成效。

一方面，美育教师要拥有足够丰富的理论与知识，课堂教学才能够丰富；另一方面，美育教师需要具有美育实践经验，可以引导学生进行审美欣赏实践。所以，看美育教学团队建设的成效怎么样，总归还是要看理论和实践相结合的美育教师的数量和质量。

（四）整合美育教学考核机制

1. 建立适合美育发展的考核机制

（1）灵活的高校美育考核模式

美育教学的考核应采用灵活的考核模式，尽量避免只使用纸面考试和打分的单一考核方式。应结合课堂表现、实践活动中的表现和对作品的赏析等，做全面综合的考核。比如，在国外，许多高校放弃了传统的考试评价，采用情境评价方式对美育和艺术类教学进行评价。传统的考试评价模式以智力因素为主，而情景评价方式则侧重对学生非智力因素的评价。相较于传统的知识技能考试模式，情境评价过程中更多体现出了学生的参与性，表现出了学生的审美观点。教师可以观察学生在情景中的表现，根据一定标准对学生给予评价和考核。同时，还可以找到学生的不足之处，提出改进建议，以确保学生能够在下一个阶段的学习中取得更好的学习效果。这样的教学评价具有科学性，值得我国普通高校美育课程评价借鉴和学习。

（2）调整美育的运行机制

需要建构起行之有效的美育运行机制，才能实现“全面育人”的美育教学目标。想要构建这样的美育运行机制，一方面高校内部要有分工明确的，不同层级的管理机制；另一方面，高校美育还要同国家、地方的教育方针相结合，起到互相促进的作用。当前，国家培养综合素质高的人才，建立科学有效的美育运行机制是一个重要途径。

2. 建立科学的美育教学协调机制

（1）探索建立高校美育评价制度

各大高校要做好艺术素质测评工作，首先建立一批试点高校，进行经验的总结，发挥好示范带头作用，再进一步将经验推广到其他高校。每个学年，高校都要做一次美育教学效果自评，自评工作实行教师负责制，并将其视为对教师的考核的一部分。通过一定途径，如教育官方网站信息公开栏，向社会公布评价结果。制订出教学评价标准，标准的制订要符合高校艺术专业的特点。建立年度报告制度，由教育部门牵头，全面总结所管辖区域高校美育工作，并编制出年度报告。对于高校美育工作，教育部还应委托第三方机构编制全国性的年度报告，并进行发布。

（2）建立美育质量监测和督导制度

在教育现代化进程的监测评价指标体系中，高校美育课程的开课率已被纳入重要的高校评价和考核指标之一。为确保国家基础教育质量监测的有效性，定期组织高校美育质量监测。建议各地采用现代化手段对美育的质量进行监测，以促进教育水平的不断提升。教育督导部门应将美育纳入督导范围，并定期展开专项督导工作，以确保其得到全面、深入的监督和评估。

(3) 探索构建美育协同育人机制

秉持着以立德树人、崇德向善、以美育人为导向的理念，提升家庭美育的开展，对艺术考级市场进行规范，治理社会文化环境，做好正确的美育理念的宣传工作，将家庭与社会的育人作用充分调动起来，彻底改变艺术学习的功利化与技术化状况，在全社会营造出帮助青少年成长的健康环境。探索建立一条高校、家庭、社会三位一体的协同育人机制，共同推进美育教育的发展。并尝试构建教育部门和宣传、文化部门长期合作机制，建立跨部门协调机制，以促进高校美育工作的全面推进。

第三节 高校美育中的课程建设创新

一、高校的美育课程的形式及创新思路

（一）高校美育课程中的课堂教学及创新思路

教学活动，是高校教育活动的核心，而课堂教学则是教学活动的主要形式，更是美育的基本方法和途径。高等教育中的美育课程，需要采用科学的教学理念，制订特别的教育目的，以及组织合理的教学，将课堂教学活动作为美育课程的最重要、最基本的形式。

高等教育中的美育课程，涵盖了文学和艺术两个方面的教学内容。文学课堂主要涵盖了文学常识教育和文学作品欣赏等多个方面的内容，试图通过对文学意象的了解，引导学生接受文学作品中的审美意识，从而进行审美心理的构建。文学作为一种语言艺术，语言是基本的组织材料，塑造某种可以被感知到的审美意象，从而表达某种生活或者情感。它对现实生活进行生动描绘，在这个过程中又刻画出典型的人物形象，同时更加自由地展现人们复杂的内心世界。借助语言和文字，人们得以运用自身的想象力来感知作品中的形象，透彻领悟现实世界，领会人类的不同情感。文学的审美特质在于其情感表达的细腻，形象刻画的巧妙，

内容呈现的丰富多样等方面。文学作品能够以富有生命力的形象感染学生，以优美的语言激发学生的兴趣，通过体验作品的善与美、情与理、言与行，培养学生对美的评价和创造能力。

艺术课堂的教学内容主要有音乐欣赏、美术作品鉴赏、戏剧艺术欣赏等。《辞海》中这样解释艺术一词：以塑造形象来具体反映社会生活，抒发作者思想感情的社会意识形态。举起本质而言，艺术着眼于人类心灵。高校艺术家教育，主要就是让接受教育的人获得基本艺术审美修养。通常情况下，艺术修养都是通过艺术审美实践而慢慢培养的，艺术修养不仅关系到个体人格的成长，而且它自身的人格素质也具有社会性。音乐教育在艺术教育中占据着核心位置，聆听音乐既可以消除因课程过重而带来的疲劳感，又可以帮助学生对其他课程进行理解与消化。所以，在高校大学生综合音乐素质教育训练中，应根据大学生音乐素养的实际情况，从浅显的认知入手循序渐进地训练，将音乐史，音乐理论，音乐欣赏与个体音高感、节奏感、音色感、声感以及音乐想象力、感受力、表现力辩证地统一在一起，让大学生真正体会音乐艺术之美。音乐课能引导学生发现美，美化灵魂，把他们培养成一个有审美观念、有高尚艺术修养的人。此外，美术是引导人们步入美的殿堂的另一重要渠道，也是大学实施美育最主要的课程之一。各类珍贵的美术作品无论在自然美景的形象化展示中，或是在社会生活的典型化描写中，在人物性格的鲜明化塑造中，均能让人在其意象与色调中感受到美的存在，体会到愉悦或者是其他健康情绪，深化对于生命的理解，唤起对于生命的喜爱之情。

近些年以来，美育工作在我国各高校都有所发展，但是因为美育课程起步晚，以及人们对它的忠实程度不够，美育在实施和课堂教学中还普遍存在着重视理论教育，轻视实践培养；重视知识学习，轻视情感体验的缺陷。一方面，国内仍然沿袭原有美学课程体系，将美育作为知识进行研究，这样必然导致美育教学和审美实践相分离，难以将理论和实践构成统一体。另一方面，也忽略了课堂教学中学生这一审美主体对美的感受。美育不可能脱离感性形象而存在，也不可能脱离审美主体的感性体验而存在，那种照本宣科的，理论性强的教育模式，事实上抹杀了美育对审美主体所具有的感性、想象与创造的特殊功能，因而削弱了美育作为人文学科的地位与价值，使其教学效果大打折扣。总之，美育课程教学观念不健全，使得美育教学目标、内容和形式等，都难以发挥出对学生人格培养的积极作用。高校美育课程教学要在课程设计与课堂教学上，从教育目标，教育内容，教育形式等方面加以建构与创新。

1. 注重教育目标的全面性和层次性

美育教育的目标可分为两层：表层在于审美知识的传达，增强人们的审美感受和审美创造能力，以及与其有关的感受力、理解力、想象力及其他能力素质的发展；深层则熏陶人们的精神世界，重构人们的心理结构，重塑健全的人格，使人能够全面发展。这两者互相关联，互相渗透。美育目标的完成是由浅入深，从局部向整体发展的，美育的最终目的是培养学生健全的人格，同时，这也是美育教育的本质。现代美育不应该只是提高表面的审美知识和能力，而是要通过对美育内容的学习，来提升人的内在知识结构，提升思维能力，使得学生最终能够获取基础性的文化知识、价值观、认识论与方法论等。从而使得他们的认知范围与思维空间不只限于专业知识与方法论水平，要使他们得到更丰富深刻的文化底蕴。美育就是对人进行整体教育，美育已经发展成为通过不同美的内容和形式，通过不同审美活动和体验，来对人进行综合性、整体性教育的活动。美育不仅能提高审美能力、陶冶道德情操，而且能打开心智之门。所以，美育课程就是一种追求真、善、美，追求和谐统一的人格教育；追求人的整体素质提升、个性全面自由发展的个性教育。教学要确立层层深入的目标，在层次性方面既要实现浅层的教育目标又要实现深层次的培养目标；既要针对一般性，也要针对特殊性；既要树立长远的目标，又要兼顾近期可以完成的目标。就其全面性而言，它既应包含知识性目标，也应包含行为、情绪、认知、结果、经验等方面。科学合理地制订教学目标，有助于有计划、有目的地进行落实和教育。在实际教学中，既要讲授与审美有关的知识，又要将注意力引到艺术创造的审美境界中去。仔细品味其中包含的浓郁的审美情感，感受美的熏陶。还要注意对学生人文精神的培养，促其完善个性结构从而获得全面发展。

2. 注重教育内容的系统性和科学性

美有共通之处，但由于个人的个性特点差异又表现出不同的特征，所以对个人进行美育教育还应在推广共性美的基础上，根据个人审美接受机制及个性特点进行教育，以帮助学生建立正确的个性发展观念，并促进其普适美和个性美的协调与统一。

把系统性与科学性原则贯彻到以美成人美育教育的内容设定之中，应突出课程体系与教学计划的系统性，同时也要突出教育对人格养成的指向性。第一，就课程内容的选择来说，美育教育目的并不是使学生能够掌握专业性教育一样的知识体系和结构，而是体现在通过对美育知识的学习，能够扩展知识背景与思维空间，能够得到基础性的文化知识，改变价值观，提升认识论和方法论，能够使学生的获得独立的智行思考，能够唤醒他们的审美意识并提升他们的审美能力以及人格上能够获得深厚文化底蕴。第二，教学内容的选择上，更倾向于文学艺术门类课程。具体而言，涵盖了文学、音乐、美术等多个学科领域；理论知识主要有文学和美学的基础理论、艺术理论、文学艺术史和其他相关的文学艺术常识。通过对理论知识的学习，能够获得对文学和艺术中美的原则和各种审美范畴的深刻理解，同时也将了解美的存在形态以及人类审美活动的复杂过程。学生通过参与审美活动，进入了一个独特的审美境界，从中获得了巨大的审美愉悦和享受，只有通过具体的审美实践，才能真正获得美的体验。在课堂实践中，学生的思维活跃度最高，因此他们能够克服由于知识水平差异而产生的师生交流障碍，参与到审美活动中。通过参与课堂活动，可以打破单一、平面、封闭的教学模式，激发学生更广泛的学习兴趣、情感体验、观察能力、想象能力、创造能力和实践能力，这为审美教育提供了广阔的发展前景。教育者应当在教育过程中，以教育内容为基础，引导学生树立普适美的理念，塑造科学的审美观，结合个人性格特征，塑造符合个人风格的个性美，从而帮助学生增强自信，将普适美和个性美协调统一起来，完善学生审美人格。

3. 注重教育形式的互动性和多样性

人类具有能动性和自主性，因此可以进行自我选择与自我教育。个体的自我认知在其人格发展过程中扮演着组织者和推动者的角色，对人格品质结构和其他成分及其相互关系产生影响和塑造，从而制约着个体的行为。而只有在受教育者内在的积极性得到充分发挥的情况下，外部的教育影响才能真正发挥作用。激发受教育者内在的自我意识，引导其在教学过程中进行自我建构和自我建设，这不仅是美育功能的保障，更是受教育者主体人格发展的核心要素。在传统的美育课程中，重视知识的传授，然而，那些枯燥、晦涩、抽象的内容并不应被归类于美学课程，因为美育不仅需要美学理论的知识，还需要与教育学、艺术理论及实践紧密结合，它是一门将理论结合实践，通过感性形象影响人类情感世界的课程。美学课程的目的不在于简单地欣赏，而是在于揭示美的本质规律，传授美学知识，并达到一定的深度，具有一定的理论性和系统性。它跟普通的专业课程不同，需要借助具有独特性和审美性的艺术作品去启迪和感染学生，使课堂不仅是知识传播的场所，更是熏陶心灵的圣地。

在形式上，高校的美育课程要具有互动性、多样性等特征，才能够吸引到学生的注意力，引发学习兴趣。首先，强调教育过程的互动性。教育的过程本身也是教师和学生之间思想交流与情感沟通的过程，美育教师要营造人格上的平等、关系上的和谐、情理上的交融氛围，课堂气氛生动活泼，才能激发学生的主动性和创造性，唤起学生的想象力和创造力，并加深他们对教学内容的理解。首先在教学过程中，教师要帮助学生深入理解审美对象，引导他们探索、鉴赏作品所表现出来的艺术魅力，同时要对学生进行适当的启发、赞赏，着力营造一种和谐、愉悦、民主的氛围，让我们有更多的解答问题与提出问题的机会。实现师生间更好地交流互动，将课堂变成讨论式和启发式相结合的灵活化教学环境。其次，在教学手段方面，与文学、艺术课堂教学内容相结合。借助多媒体技术和网络，将形式更丰富的内容，如音视频、图片等，融入课堂教学中。使艺术作品能够更直接、更形象地在课堂上进行展示。色美以感目、意美以感心，通过多媒体和网络技术，学生有如身临其境之感，仿佛置身于艺术殿堂，有利于其发挥想象力，把它们的审美特征结合起来。它打破了已有审美教育偏于理论与认识的束缚，切实将美学的理论教育同学生审美体验和审美素质发展相结合，充分激发学生学习热情，增强审美兴趣和人格养成。

（二）高校美育课程中的网络平台课程及创新思路

当今社会，已经进入信息网络时代，互联网的使用更广泛，已经深入人类生活的方方面面，深刻地影响着经济、社会、文化的发展，改变着人类的思维方式和工作生活方式。互联网不仅是信息传播的载体，同时也是思想传播载体，深刻地改变着人类的世界观、人生观和价值观。大学生群体数量庞大，是网络的主要用户群体之一。随着网络技术的发展，高校教学方式和学习方式都受到一定影响。在高校美育课程建设中，校园网络起到了重要作用，主要的形式有校园网络艺术课程、校园网络艺术氛围和校园网络互动平台。

1. 网络艺术教育课程

网络课程作为网络时代产生的新型教学资源，以网页为表现形式，以网络为载体，不受时空约束。网络课程是指有一定教学目标、教学策略，通过一定教学内容实施起来的网络教学活动。它存储于网络服务器上，以网页方式向用户展示，为学生自助式学习、协作式学习和其他学习方式提供支持。网络艺术教育课程，首先可以给学生提供便捷的学习方式，借助电脑端，学生能够突破时空限制，随时随地地学习；其次，提升了教育内容的形象性，借助网络与现代科技的优势，能让多种多样的艺术作品更形象、直观地呈现出来，各类美术作品、音乐戏剧作品等，都可以通过虚拟的形式充分地表现出来，所以利用网络课程教学进行审美设计，教育效果能够事半功倍。

2. 网络艺术氛围营造

传统美育中，内容信息主要来自书籍、报刊、广播等传统媒介，相对而言，信息量不大，信息内容更新比较缓慢，课堂吸引力不强。网络以丰富的信息量，及时的信息更新和共享的信息资源，使得每个人都能成为网上信息提供者、获得者及拥有者，社会上任何一个团体或个人都可借助网络共享信息资源。网络上艺术信息有如下两大内容。第一，互联网络中，网站的建设、网页的开发设计、色彩的搭配和内容的结构、选择上，都要突出一定的新颖性和创新性；第二，从网络内容层面来看，网络内容通常也是遵循美的法则进行构建的，特别是校园网中，信息都是经过比较严格的甄别，具有强烈的主导倾向，并能指导学生网络艺术教育活动。例如，各个大学可在学校主页设立教育专栏。从内容上看，基本涵盖了文史哲、艺术、中外文化精品以及自然科学基础知识等；从形式上看，它以声音，文字、图形、图像等综合表现力表现教育内容和加大信息容量。

3. 网络艺术互动平台

网络互动交流模式丰富，可以一对一、一对多，甚至多对多。它的这些优势是传统媒体不能提供的，为师生提供更多形式的交流互动平台和空间。学生是参与的核心，既是信息的接收者也是信息的发布者，实现了不同角色的转换。网络的交互性给教师和学生的关系带来了不断地转换，极大地推动了两者关系的协调。教学过程中，学生从网络上接受来自教师的教学信息后立即向教师回传，教师依据学生反馈的信息进行教学，对其学习进一步引导，引导学生有目的地去鉴赏美、认知美和感悟美，并通过美的陶冶来调整自己的心境，提高自尊自信和完善人格。

总之，网络艺术具有更多的便捷性、丰富性、交互性等特征，在培养学生美育和人格发展上，起到了十分重要的作用。它涵盖了课程教育、文化熏染、师生互动等教育方式，在美育教育中起到了重要的复合载体作用。

4. 美育视角下网络平台课程创新思路

第一，推进网络艺术教育精品课程与特色课程建设。网络艺术课程有许多呈现的途径，如高校校园网上的公开课视频、教师通过网络直播等平台进行的授课、其他高校的公开课展示平台以及社会教育机构的直播课程和录播课程等。高校美育应以网络课程为载体构建美育课程，实现美育终极教育目标，应注重艺术课程和特色课程的建设，不断丰富与完善精品课程及其他优质教学资源，目的在于增强高校线上美育服务的能力。因此，高校美育课程建设应在精品课程与特色课程的创建方面开拓道路。已有高校网络艺术课程多数注重对文化艺术类的专业化阐释，缺少使学生学会欣赏领悟审美的内容，而美育课程则更多地要求给予学生对美的鉴赏能力和感受力。因此，美育精品课程和特色课程的建设可以注重美感的增强。例如，把一些技法性美育课和鉴赏类美育课结合起来，常见的是“书法技法加书法欣赏”“舞蹈技法加舞蹈欣赏”“音乐技法加音乐欣赏”等。通过这样一种“技法加欣赏”课程体系使学生能够真正接触到艺术和文化，并真正学会感悟和鉴赏，既是推动美育全民化的需要，更是展现新时代走好中国特色社会主义道路中的文化自信之美。

第二，深入推进网络美育课程体系建设。构建高校美育课程体系，其重要意义是助力新时期美育课程学科整合。高校网络美育课程能够减轻学生在学习、生活等方面的紧张情绪，同时也能够引导学生独立地寻找生活美学，这也是高校美育课程在以人为本的视野中价值、意义等方面的重要体现。此外，高校也可以将一些比较好的艺术、美学方面的电视节目、直播节目、纪录片等视频资源放到网络平台上，让学生再通过不同类型的课程资源接受审美教育，提升自己的美学素养，掌握更多的美学知识。

二、美育课程内容的创新思路

（一）增加美育通识课程

通识美育课程是以全体学生为对象，具有普及性教育功能的课程。具体而言，是指以全校学生为教育对象，以提高审美素质为基本起点，以普及美育教育基础知识为主要内容，以塑造审美意识，发展审美能力，提高审美表现，促进审美创造为目标的课程。通识美育课程以公共课的形式，纳入全校通识课程体系，并具有普遍性、广泛性等特点。构建科学的通识美育课程体系是切实推动美育教育向纵深发展的前提与基础。

（二）加强美育课程体系建设

1. 科学定位美育课程目标

高校美育课程建设应以艺术课程为主线，各科目之间互相渗透与交融，注重美育基础知识的学习，强化课程的综合性并强化实践活动环节。注重审美与人文素养的发展，注重创新能力的培养，对高校美育课程目标进行科学的定位。

普通高校美育课程一方面要满足学生对不同艺术的追求，彰显课程的多样性与可选择性，丰富审美体验，拓宽学生的人文视野。高校美育课程应以学生身心发展水平及特点为依据，发展学生兴趣并以此为目标，以开发潜能为主线，融艺术技能及职业技能培养于一体，为其融入社会、实现创业就业为拥有健康幸福的人生打下基础。高校美育课程应加强艺术实践的培养，并注重将其与专业课程有机融合，以培养具有审美修养和素质的高技能人才。普通高校美育课程的建设还应借助高校学科优势，依托地方特色教育资源，不断拓宽教育教学内容与形式，指导学生健全人格的修养，增强文化主题意识与文化创新意识，提高对中华民族优秀文化艺术的继承与发扬的责任感与使命感。

2. 完善美育课程建设

加强美育课程建设需要对美育课程设计的科学性与有效性进行认真的研究，努力实现针对性、规范性、系统性相统一，使课程设置、教学目标、教学方式与考核办法统一起来。目前，一套适合普通高校“扇形模块”的美育课程体系被构建起来，让美育渗透到学生的第一课堂，第二课堂和第三课堂。具体来说，是以美育理论课程为必修课来夯实第一课堂，以美育鉴赏课程为选修课来补充第一课堂，以美育实践课程为创新载体来丰富第一课堂，第二课堂和第三课堂，切实增强和提高大学生人文素养与综合素质。

3. 实行全面合理的美育课程设置

第一，为课程设置多种多样的形式。美育课程设置，最重要的就是美学理论、美学史论这些理论类的课程，这些课程为学生们提供了关于美的基础知识，为进一步认识分析和欣赏美奠定基础，也为审美观的形成提供理论依据，是审美理想的树立的标准。此外，由于美育是对学生美的感受和欣赏创造能力的培养，只要能涉及这些的相关内容，例如美术欣赏、音乐欣赏、舞蹈教学、建筑欣赏、体育舞蹈、摄影，以及影视作品评析，都是涵盖在美育课程教学范围内的重要内容。

第二，为课程提供广泛性生活性的内容材料。目前美育不能成为艺术教育，因此美育的范围更广，还包括自然美和社会美的教育。那么美育课程就要将自然美和社会美的内涵渗透到课程当中，将和人们生活息息相关的美与生活相结合，并且在日常生活中各个方面都能体会美。

第三，应根据不同专业的学生特点和审美需求设置相应的美育课程。一方面，在美育课程的专业设置中，需要根据文史类和理工类课程教学内容的差异进行相应的调整。例如，为满足全面素质人才的培养需求，文史类专业的学生需要设置一系列工艺审美内容，以填补文史类学生在理工科审美方面的知识空缺。同样，理工科专业的美育课程中，应适应融入一些蕴含人文素养的课堂，以提升其人文素质。另一方面，在教学中，无论是自然科学还是人文科学，所蕴含的丰富美育因素都呈现出多样化的内容和形式，同时教学方法也呈现出多样化的特点。

此外，在高校美育的教学过程中各个环节也要涉及美育，而且涉及教学各个环节的美育的直接因素也很可能直接影响到学生的美育教学活动。例如，教师的语言美仪表美和教师教学过程中的人格魅力，以及教师在教与学过程中挖掘的与课程内容相关的美学因素，也能在教学的渗透过程中直接影响到美育的教学效果。高校美育应该采取积极主动的措施来影响高校教育的各个方面，特别是高校教育课程的教学过程，确保学生在钻研专业知识的基础上能够在课堂上感受到专业课程教学所蕴含的美学因素，能够在课堂中享受美，达到以美益智的效果，如文科和理科应有所不同，在专业上可以多设置一些工艺审美的内容以应用到以后的工作当中。

无论从人文科学还是自然科学的角度来看，都蕴含着丰富的美育元素，这些元素在各个学科的内容和形式上都得到了充分的体现。例如，在建筑专业学科中，建筑被视为一种凝固的音乐，而音乐则是一种流动的建筑。同时，在高等教育各个阶段，甚至整个教育过程，都蕴含着丰富的美学元素，包括高校教师的仪表之美、言语之美等等。所以，在高等教育的智力开发教育过程中，必须深入挖掘各个学科教学中所蕴含的美学元素，以达到更高层次的教育目标。高等院校的美育应该积极渗透到教育的各个领域中，特别是要渗透到各类课程的教学中，不断深入研究教材，精心组织教学，以高超的艺术技巧让学生在课堂上感受到一种令人愉悦的审美享受，从而获得美和益智的双重体验。

第四节　高校美育中的校园文化创新

校园文化作为高等教育不可或缺的组成部分，是塑造学生审美素养的重要环节和氛围因素，也是应用最为广泛的媒介。高校美育蕴于校园文化之中，通过校园的自然景观、人文景观、校园建筑等向学生传递审美感受，提升学生审美意识，提高学生审美能力。

因此，校园文化不仅是人类精神面貌的反映，同时，它也会对人的心理状态产生深远的影响。在高等教育中，校园文化扮演着至关重要的角色，它是一种珍贵的高校教育资源，对于学生在各个方面的培养具有至关重要的意义。

校园文化，常常体现在学校的办学理念、学风、校风、校园管理以及校园环境等多个方面。随着时代的演进，网络已经成为校园文化的一种主要表现形式。文化是人类与世界互动的产物，人类的行为也反映了自然和文化的交融。

一、校园环境文化创新

校园环境包括校园建筑、校园活动场所和所有教学设施设备，它们既是校园文化的物质载体，也是校园文化的重要形式。

首先，生态学的概念是由德国博物学家海克尔于 1866 年在《普通有机体形态学》一书中提出的。他指出："我们把生态学理解为关于有机体与周围环境关系的全部科学，进一步可以把全部生存条件考虑在内。"作为生物学的一个组成部分，生态学的研究对象主要集中在植物和动物群落以及它们所构成的生态系统上。在 1921 年，美国社会学家派克提出了人类生态学的概念，然而这一领域的广泛研究仅有近 20 年的时间。

坦斯利是英国的一位生态学家，他在 1935 年提出来“生态系统”的概念，即有机体与其所处的环境相互作用，从而形成了一个自然的生态系统。许多科学家尽管未使用“生态或生态系统”一词，然而众多科学家从多个角度对该学科的发展进行了广泛的研究，并获得了相当丰硕的成果。清华大学在 1997 年首次提出创建绿色大学的办学理念。绿色大学是指的是，在组织和实施高校当前的各项工作时，以可持续发展理念为指导，以学校长远发展为出发点，以保持高校持续发展的潜力为目标。在当今社会，生态和绿色已经成为两个备受关注的主题，这两个概念所表达的意义不仅仅是简单的和谐和环保，而是涉及了更深层次的意义。随着人类对居住环境的破坏，我们开始重新审视环境，并强调人类与自然之间平等而重要的相互关系。同时，随着自然危机的爆发，人类对于可持续发展的重要性有了更深刻的认识，因此，在不断加强生态意识的同时，人们的环保意识也必将得到进一步提升。

（一）校园环境的生态性

1. 校园环境规划

在传统的大学校园设施布局中，教学区、学生宿舍区、运动区等多种设施被相对分离，且它们之间的交通时间相对较长。特别是随着高校规模的不断扩大，不可避免地会导致一些教学设施之间的距离过大，从而导致学生在日常出行中时间过长，校园部分时段人流过于密集，以及一些服务设施的使用不便等问题。为了确保校园环境的生态性，规划自身的教育设施时，必须充分考虑各种教学和生活设施之间的协调配合。传统的校园功能分区方式已被新的校区规划理念所颠覆，引入了“组团型”的校园功能布局模式，每个组团均具备学习、生活、运动等多项功能，以避免学生因住宿、运动、学习而被迫在整个校园中穿梭，从而实现学生出行在每个组团内即可完成，同时也明显加快了学习和生活的节奏。因此，为了维持校园与人之间的和谐关系，必须对环境设施进行合理化和人性化的优化，这是至关重要的手段。

2. 校园环境规划的特点

校园环境的规划理念固然重要，但更为关键的是将校园、人和自然三者有机地融合在一起，以确保校园文化在各个方面得到全面体现。

（1）自然化与城市化设计

将校园视为城市功能的重要组成部分，并充分利用城市设计资源，以实现校园环境设计与所在城市文化特点的完美融合，从而达到自然化与城市化的完美结合。在保持原有自然地形地貌的基础上，因地制宜地进行校园功能布局，以实现校园建筑、水体和绿化的有机融合，从而营造出优美的校园生态环境，营造出和谐的校园氛围。

同时，我们还应该看到，校园属于城市，校园和城市之间的沟通对学生在学习、生活和实践方面有着举足轻重的影响。城市交通、能源、通信等现代化资源在校园建设中的地位是不言而喻的。所以，通过自然环境和现代科技的协调营建，能够让校园呈现出一种现代校园的自然和城市特征。

（2）地域性与艺术化设计

地域性既体现为自然地理位置和自然气候环境，也体现为地域文化和习俗。

校园建筑文化作为组成校园文化的有机组成部分，应反映地域特色和展现地域文化。校园建筑设计应在融入时代因素的同时，吸纳地域建筑的特色，创作富有地域文化与时代特征的作品，打造新校区文化特色，凸显标志性与独创性，打造现代校园建筑文化景观。此外，校园环境艺术化在熏陶学生审美情趣、协调教学间关系等方面也起到了举足轻重的作用。在审美上，校园环境应遵循美的规律进行规划设计，其中建筑布局，校园绿化和环境布置应达到整齐、协调和优美。明亮整洁的环境能够减轻学生消极心理并释放其紧张状态，让学生一边学习，一边带着欣赏的心态来理解人生，启发他们运用智慧美化生活。

教学设施与教学仪器之美，也有美育之义。要根据美的规律精心设计教学仪器，如操场规划要合理漂亮，校内宣传栏和布告栏设置要均匀匀称，实验仪器要卫生整洁等，不仅能带给学生审美愉悦，更重要的是要让他们在增长见识的过程中，形成良好的学习和生活习惯，增强他们创造美好人生的本领。

（3）人性化与环保节能化设计

人性化的本质是和谐之美，和谐是美感产生的根源。高校学生来自全国各地，乃至世界各国，对于校园文化的设计更显得重要。比如，在校园表示采用双语标识；校园在设施、管理、生活等各个方面都要考虑到不同生活习惯的同学；各类教学设施的规划、建设，还要考虑到功能各异的校园建筑的声、光、温等人性化因素需求。此外，对自然与人文景点进行文字性解说，是启发学生美学的一种有效途径。美感的习得以物体能为我们把握，认识为前提。校园中那些不为人知的东西常常吸引着同学们的注意力和好奇心，比如一棵植物、一尊塑像等，文字性的描述可以加深同学们对它们的理解，让学生在得到美的享受的同时，也能丰富他们的知识。

另外，美的感受还要依赖审美场所的配合。整洁、干净、开阔的环境易引起人们的审美欲望。所以校园环境建设应本着可持续发展的规则，倡导节约和环保意识。比如，使用的建筑材料要节能环保、设立废品回收站、发挥清洁环卫设施的功能等等，以加强学生能源节约和环保意识。

（二）校园生态环境系统

审美能力的形成是在环境教育的影响下逐步展开的，而环境因素又是高校美育系统不可忽视的一个组成部分。“临水知鱼性，近山知鸟音”，美化环境，不知不觉地会影响高校美育工作。校园环境包括如下几方面。

1.校园自然景观

校园内大部分自然景观都与其地理位置有关。自然环境是校园环境的基础，留存自然环境的山水体系容易让人体会到自然之味道。自然景观的美学功能，是任何人工环境代替不了的。自然状态是人类理想的生活状态，比如海德格尔对“诗性的栖居”的追求，中国传统思想所倡导的“天人合一”的状态，在自然界和人生境界之间，似乎存在着一些神秘莫测的关系。自然景观所创出的审美意境，是任何人工环境都不具备的。国内不少著名大学校园，清新自然的景观让人耳目一新。例如，北京大学“未名湖”边之雪景，南北阁之秋色等；清华大学的“荷塘月色”；华东师范大学的“夏雨飞烟”“荷塘挹翠”等。所以，高校学生在回归自然、欣赏自然秀色的同时，还应关注并保护校园自然景观、回归自然，以体会心灵“本真状态”。

2.校园生态建筑

校园建筑群大多是围绕教学活动的目的而构建的，但是建筑自身却体现了一种艺术与文化之美。生态建筑既是建立在对环境生态问题深刻理解的基础上，又是以校园和自然平衡为发展标杆的人的理想意志，将人类视为自然中的一分子，重新理解并定义人类自身以及人为环境在这个世界上的地位。此外，生态建筑既主张自然和建筑相协调，也主张建筑和建筑间的协调，这一协调既可表现在建筑造型、色彩方面，还可表现为建筑群这一群体形象体现出来的造型艺术与文化内涵。与此同时，建筑群间的合理布局使得建筑功能之间出现一种协调关系，而这种协调正是生态建筑所蕴含的意义所在。综上所述，校园生态建筑布局不仅具有满足教学、科研和生活需求的实用性功能，而且还具备审美价值。

3. 校园人文景观

在校园中，人文景观通常有着深厚的文化底蕴，这些人文景观常常与具体的人物、历史事件相关，大致可分为如下几类。

（1）很多大学都留下了知名人士及知名专家、教授的工作和学习过的场所。名人不仅是高校中珍贵的资源，其思想与精神更是校园文化中一个重要组成部分，其生活与学习场所反映了其精神品质。学生凭借这些地方、文物能感受到名人高尚的思想品格与魅力，得到心灵的陶冶。

（2）很多大学设有校园博物馆、陈列馆、纪念馆。特别在一些具有较长办学历史的大学中，其本身的历史更是重要的教育资源之一。帮助学生了解校史，参与学校重大的活动，了解本校著名的人物事迹，都是一种加深学生对学校情感的途径，进而实现对本校办学理念与精神的深刻认识。

（3）在大学中，几乎都设有科研机构、重点实验室、文化研究中心，也有科技美育、人文美育等部门。科技可以产生美，科技本身之美体现为追求真理和技术本身的魅力，即满足人们的好奇心理。审美源于人类的好奇心，科学恰恰是解答人类疑惑的钥匙。探索科学技术，能提升学生认知世界的能力，提高探索自然的兴趣，进而激发起想象力与创造力。

（4）校友纪念林是毕业校友对母校的情感表达方式，这样的形式更容易使在校学生对学校产生认可与心理上的亲近。校友林是学校和学生之间的一种沟通方式，学生从中获取到了与学校内在精神的链接，不但有助于塑造学生的内在精神品质，而且也会让高校文化内涵一届一届传承下去。

所以，重视校园生态的教育作用必须引起我们足够的重视，这种教育资源会在潜移默化中对学生产生影响，同时也具有极大的震撼力。

（三）校园生态环境的审美化

校园生态美学囊括了多种学科知识，包括有教育学、生态学、心理学、社会学、建筑学、美学等。校园环境的教育功能十分强大，它不仅是教学活动的基础设施，还是一种宝贵的教育资源。对于素质教育，它所起到的作用是积极的。从生态学和美学的视角研究校园环境对人的意义，达到更深入地认识校园环境对人的影响和塑造作用。我们探讨了关于校园生态环境规划和生态环境系统的议题，旨在说明校园生态环境对人类影响和其生态价值的重要性。美丽和谐的校园环境可以通过审美的方式对学生产生影响和教育，使学生理解环境所具有的文化内涵。

在校园环境的审美中，形式美、内容美、功能美和环保美要达到和谐统一的目标。和谐美是核心，它反映了校园文化对环境的内在需求。校园文化的内隐含义通过校园环境的物质化表现得以呈现。这不仅体现了美感形式，而且彰显了文化环境审美理想。

（四）美育视角下的校园环境文化创新

1. 光环境

随着城市不断发展，光成为一种污染源被人们关注，并重新被艺术家们赋予了重要的价值意义，从而产生了光环境设计的新概念。在校园环境中，光的色彩、强度、变化等因素都会对人的心理产生很大的影响，因此，光也是一个重要的可供利用的资源。

（1）光环境与建筑

光环境是指建筑物内外空间被光线所覆盖形成的环境，包括室内和室外环境。室内光环境是建筑内部的光照条件所形成的环境。建筑周围的外部环境受到阳光照射形成的光线环境是室外光线环境。光线环境的作用不仅在于满足生理和视觉上的需求，它还对人的心理和审美需求起着积极的作用。

（2）光艺术与光文化

视觉是人们审美的重要途径，光艺术可以轻松吸引人们的注意力并引发内心的情感波动。近代艺术家深刻理解了光的各种属性，并大胆地开发创意，将光视为一种创作媒介，形成了以光为素材的艺术形式，如光绘画、光雕塑等。作为当代艺术形式，光艺术充分体现了科技、创造力和想象力的完美融合。夜间文化的环境文化包括光艺术和光文化，它们是夜间文化的重要组成部分。在校园内欣赏夜晚的景色是校园夜生活的重要组成部分。当夜幕降临，学校被照亮的灯光营造出一种与白天完全不同的校园氛围。光文化的科学、合理和独特艺术风格，能够让学生感受到与校园环境的融洽和亲切，同时也能够在欣赏校园夜景时激发他们的审美意识，品味独具特色的校园文化。

2. 声环境与热环境

（1）噪声与声景

在人的审美中，音乐所起到的作用是不可估量的，但是也应注意，不协调的音乐对人们的情绪同样有着重大影响，长时间在噪声中，就会让人们产生压抑感和难受感。

高校校园中，声环境复杂而特殊，噪声按照不同的声源，分为生活噪声、运动噪声、教学噪声等等。此外，校外的一些噪声，如交通、施工、工业、环境噪声等都会对校园环境造成干扰。不同教学环境对声音的要求也不一样，比如自习室、阅览室、教室等需要十分安静。又比如，在多媒体教室、阶梯教室、多功能厅等环境中，除了去除不必要的噪声干扰，还要求良好的音响条件。但是，当前许多学校都忽略了环境对声音的需求，使得教学的各个环节都存在着比较严重的噪声干扰问题，这不仅给教学带来了困难，而且不利于学生情绪的安稳。

加拿大音乐家莫雷·沙弗尔首次提出了声景的说法。意思是声音世界需要和谐，也就是说噪声仅仅是反映声环境中的一个要素。声景并非仅仅由声音元素组成，而是和声场紧密联系在一起的。为确保校园具有良好的声景，在校园中要多种植树木，并利用草地、水池等良好的自然景观来防止多种污染，从而维护生物多样性，对自然条件恶劣的校园可制作人工声景来模拟自然中的声音。比如，在校园内设置音乐广场和音乐湖泊，这些音乐场所对学生身心都有好处，让他们能够对学习压力进行及时调节。

（2）声文化与校园广播

校园广播也是一种声文化。作为纯粹的声音形式文化，它不但要求播音员音色要清晰，发音要规范，更重要的是对声音传播时是否顺畅以及整个校园能否听得清楚等问题也要考虑进去。声音文化中的内容要更加贴近学生，满足他们的兴趣与要求，使他们在享受中获得美的体验。广播文化还能实现互动的效果，与播音员共同参与到节目中来，让人们在轻松愉快的氛围下获得美的享受。

（3）热环境

最近几年，热环境的概念开始流行起来，它的提出是基于环境中的温度对人的影响。一般来说，只有在合适的温度下，人的心态才会平静，才能更好地投入学习和工作中。校园环境建设需要考虑庞大数量的学生在空间环境中的热量消耗与聚集，并依据季节变化作出调节，从而为学生提供更舒服的学习和生活环境。

总而言之，对于环境的创新要求，已经不仅仅局限于对居住安全的考虑，同时还要考虑到居住的舒适性、亲切性与协调性等人类精神的需求。日本有一位名叫岸根卓郎的学者在他的著作《我的教育论》中提到，校园是包括自然、空间、人类在内的三位一体的系统，它希望能够获得物、心和自然共生的社会系统。校园环境建设中，需要以此为目标和前提，使校园环境向生态化和审美化方向发展，使校园不仅拥有学习的物质设施，还能使学生得到美的享受。

二、校园人际关系创新

杜卫在《美育论》中说：“从根本上讲，学校美育应该从整个学校的文化建设入手，把审美文化建设作为校园文化的核心部分来抓，而建立师生之间的审美关系又是校园审美文化建设的中心环节。”

马克思在《关于费尔巴哈的提纲》中写道：“人的本质并不是单个人所固有的抽象物。在其现实性上，它是一切社会关系的总和。”

人的本质特征是由所处的一切社会关系共同决定的。同时，人也会在这些社会关系中得到成长和发展，因此，教育应该鼓励人们积极建立各种社会关系，促进个体社会化的过程。教育的本质在于引导个体融入社会，并通过实践活动开发其潜能。在人的社会化过程中，教育的使命是引领和培养受教育者逐渐符合社会规范，养成优良品质和具备各种才能。在教育活动中，教师和学生必须共同参与并相互作用，以完成教学实践过程。师生之间的互动关系是教学活动的核心。

当涉及整个校园时，各种人际关系的形式更加多种多样。教师之间、学生之间，以及管理者和被管理者之间，都是校园人际关系的重要组成部分。此外，网络文化以及远程教育中的交流也同样不容忽视。我们将从管理、网络、远程教育等角度，探讨新型校园人际关系模式的内容，包括但不限于校园管理文化、网络文化和远程教育等方面。从本质上说，人类需要进行人际交往来满足其社会需求和心理需求。人的天性倾向于追求自由，而人与人之间的交流则是自由的一种体现。

今天，我们重视“绿色人际关系”和“生态人际关系”，意识到人类交往不应该被看作与环境完全孤立的活动。对于校园人际关系，我们更加注重校园、人类和自然的共存关系，促进人与人之间的交往在和谐、美好的环境基础上发展。

（一）校园人际关系的内涵

根据“美是和谐”的审美原则，人际关系的和谐是社会之美的一种具体体现，也可以说是一种人际关系的审美升华。在校园中，人际交往是一种由主体间的互动所引发的社交活动。为促进校园人际关系的和谐，做好审美教育是一种行之有效的方法。德国诗人和戏剧家席勒认为，美育的目的不是单纯地促进某一种心理功能的发展，而是通过在内心中达到审美状态而使各种心理功能达到和谐，即通过美育使受教育者具有和谐的心理状态与人格状态。[①] 维持好人际关系，和谐的状态是至关重要的一环。人际交往中，往往存在着错综复杂的关系，其中隐藏着人与人之间的利益冲突，而审美关系则是一种情感纽带，或者说是一种爱的纽带。在美育过程中，人际间的交流和理解则是爱的体现。爱，作为一种人际关系，象征着人与人之间的和谐，同时也彰显了中国传统的文化和审美所独有的功能和本质。

杜卫在《美育学概论》中提出：“所谓校园人际关系是校园内师生之间、教师之间、学生之间、学校行政管理人员与师生之间在思想、学习、工作、生活等方面的交往、联系的关系。”从本质上而言，人际关系在于人的社会性因素，这些因素是人际交往的首要表现。在人类互动过程中，我们了解到了相互遵守一些共识性规则的重要性，以便能达到与他人的平等互动。校园作为一个人际交往场所，同时也是一个教育场所，其人际关系的良好程度直接影响着教育活动的开展，因此，建立良好的校园人际关系对于教育活动的顺利开展具有重要的促进作用。

---

① 于文书．大学美育[M]．济南：泰山出版社，2008．

1. 人际关系的文化实质是情感文化

在校园中，人际关系是一种独特的文化现象。它通过主体之间的和谐互动，展现了校园文化的精神内涵。由于涉及校园内人际关系的互动，从宏观角度来看，情感文化建设才是校园文化建设的本质。人与人之间的交流不只是来自工作关系，更是来自人类情感自身的需求。只有在正常的人际互动中，人类才能展现出正常的社交心理能力，以正确的方式处理与他人的关系，收获别人的信任、友谊和爱情等。所以，人际关系是人类情感需求的重要组成部分，也是人类社会性成长的重要组成部分。

2. 人际关系文化是一种心理环境

对于校园而言，人际关系既是一种情感文化，又是一种包含着教育和美育的心理环境。所谓的心理环境是说，校园的校风学风、教风、人际关系环境，还包含各式各样的文化艺术活动氛围等因素。通过进行审美教育，可帮助个体提高自我调节能力，构建积极的心理状态。本质上来说，审美教育其实就是一种情感教育，情感是其中最活跃的成分。个体的思想素质、文化素质、身心素质、审美素质的提高，与情感体验密切相关。当人们受到审美情感的影响时，他们通常会提高自我控制能力，这有助于促进心理健康。而良好的校园人际氛围可以帮助去除个人心理上的各种不和谐因素，使人从身体到精神、心理功能得到协调，令学生们能够享受到人生的快乐，体验生命的积极，最终获得积极健康的心态。

3. 绿色人际关系中环境与人的交流

无论是绿色人际关系，还是生态人际关系，都不只强调了个体之间的和谐交流，同时也关注了人与自然环境之间的和谐交流。实际上，我们与自然的相互作用可以被视为一种交流过程，它涵盖了对自然的认知、开发及利用。这表明人类对自然和环境保护与利用的认识，是与自然和环境之间的相互作用密切相关的。人们不断利用自然和环境的资源来满足他们的需求，并且逐渐认识到保护自然和环境的重要性。随着和自然的漫长互动，人类了解了怎样与自然环境和谐相处的秘密。

（二）美育视角下的校园人际关系

要在校园中形成独特的文化特色并提高文化品位，需要加强审美教育，在校园文化建设中，将美的原色融入其中，营造和谐优美、宽松自然、积极乐观的审美氛围。将校园人际关系变得美好不仅有助于促进教学活动的进行，也有利于校园文化的发展。根据个人需求进行分类，可以将校园人际交往关系简单归纳为以下几种。

1. 师生间的人际关系

在校园人际关系中，老师和学生之间的关系是一个重要方面。师生之间的交往不仅仅是在课堂上，虽然近年来我们一直倡导师生关系的平等，但在课堂上师生之间的交流无法做到真正的平等交流。教师本身是一种引导角色，应帮助解除师生间互动交流时的心理障碍。梅贻琦在 19 世纪 40 年代，曾经在文章《大学一解》中这么写道："古者学子从师受业，谓之从游。孟子曰：'游于圣人之门者难为言'，间尝思之，游之时义大矣哉。学校犹水也，师生犹鱼也，其行动犹游泳也，大鱼前导，小鱼尾随，是从游也，从游既久，其濡染观摩之效，自不求而至，不为而成。反观今日师生之关系，直一奏技者与看客之关系耳，去从游之义不綦远哉！"可知，一直以来，中国的教育十分重视师生间的交流互动，注重教学过程中的实践，使学生在教学实践过程中同教师友好交流，习得知识。但是，如今课堂中的师生关系，教师更像是在唱独角戏，学生交了学费就可在台下观看，最后通过期末考试，就能够获得文凭。这样的教育形式，更像是一种商品交易，老师和学生就是交易的主体。

今天，人们对教育本质的认识已经发生了根本性的改变。教育不再只局限于校园内，获取知识的途径变多了，学习的理念也发现了改变，教育的目的随之有了新变化。学生在校园，不再只是学习知识，更体现为一种综合性的成长，学到未来走入社会必需的技能和人的情感认知。

因此，改变师生人际关系，一定要先改变教育理念。同时，教师还要重新审视教师这个职业的特性。师生之间需要建立良好的互动关系，学生才能深刻认识到教师具备的精神力量和人格魅力，进而促进教育不同功能的实现。

2. 学生间的人际关系

学生之间的关系还可以通过多种形式的活动和日常交往来体现，并且这些活动和交往是学生人际交往的重要组成部分。相互交流对于学生间的关系建立至关重要。交往不仅满足了人们情感上的需求，还有助于学生培养友情、信任、团结、协作等能力，促进他们集体意识和协作能力的提高。

交往是展现个人在社交圈中地位和价值的重要方式。通过与他人的交往，我们可以得到他们对我们的认可、关注和看法，从而确定自己在群体中的位置和定位。交往是一种非常有益的方式，可以帮助学生克服自己心理上的弱点和消除心理上的压力，同时也能获得精神上的支持和信息交流。通过交往，学生能够改变自己对事物的看法，有助于促进学生社会性的成长。

3. 教师间的人际关系

校园文化建设另一个主要方面，是教师之间的良好交往。良好的人际关系，有利于教师主动性和创造性的发挥，有利于教学和科研的进步，同时，也增强了校园的学术文化氛围。

总的来说，校园文化中，审美关系体现为没有丝毫功利性的，人与人之间进行真情实感交流的良好人际互动。师生之间、生生之间，教师之间的人际关系的建立需要遵循美的规律与原则。无论在课堂教育还是课外教育及学生实践中，这样的审美人际关系都能够促进学生社会性成长。

一般来讲，人际交往注重情感交流，摒弃功利性。健康良好的人际关系，能够让人收获自信，使情绪得到放松，消除忧虑情绪，使自我的价值得到群体的肯定。校园人际关系既是交流过程，同时也是实践过程，它对人的成长的影响巨大。教师在人际交往中学会互相尊重，重视交流，不只是展示了教师个人修养，同时也会影响学生的人际交往行为。所以，人际交往既是校园文化的核心，又影响着人的全面发展。

三、校园文化活动创新

（一）校园文化活动的类型

校园文化活动是校园文化中不可或缺的一部分。根据不同时期的教学要求，制定不同的教学目标，组织不同的校园文化活动，这有助于全面提高学生素质和培养个性。高校文化的活动形式丰富多彩，一般来说，主要有以下几种形式。

第一，多种多样的文化活动社团。包括文学社团、艺术社团、摄影协会、戏剧协会等。除了学习自身专业的知识，学生加入社团可以培养个人爱好并学会正确的审美标准。通过参加课外活动，学生可以深入了解审美对象的内涵，从中发展出更多的艺术技巧来构建美，培养健康的兴趣。

第二，艺术是将美集中展现出来的一种方式，培养学生对艺术的爱好，会在潜移默化中培养出他们的对美的感受力和创造力。提高学生的审美能力，是艺术教育的最终目标。学生在艺术审美和创作过程中得到了锻炼，有效提升了其想象力、创造力及手工能力。学生在校园活动中，通过科技创新、艺术的创作、学术交流和设计环保作品等一些形式，给校园文化带来了全新的能量。所以，通过在校园中开展艺术科技活动，学生能够得到缓解、转移和释放，从而减轻学习和生活中的各种压力、困惑和失衡。正如弗洛伊德所言：艺术是人的一种宣泄，对人的心理平衡起着重要作用。①

第三，高校举办各种比赛和运动会，为学生提供展示自己的机会。这些活动使学生能够舒缓自己的压力，同时也增强他们学习知识技能的渴望。

第四，接触大自然。可以通过策划不同形式的户外互动，如夏令营、野外拓展、自然科学与环境调查等，一方面可以让学生沉浸在自然山河中，发现其中的美妙，激发学生热爱祖国、拥抱美好生活的感受；另一方面，这些实践活动可以刺激起学生的生态保护意识，使他们能够珍惜有限的自然资源，懂得怎么样与自然和谐相处，增强他们的社会责任感。

第五，策划一些社会实践活动。通过反复的社会实践，培养学生鉴赏和感受美的能力，这也是大学美育教育较为关键的环节。在做完社会实践之后，可以撰写调查报告、开座谈会、进行时事辩论等，无论哪种形式，目的是让学生从审美的角度，生动形象地来感受新思想和新事物，并从中得到一定的创新性启发，使自身的审美观更健康，审美理想更高尚。

总而言之，校园文化活动具备德育、智育、体育、美育、劳育等多重教育功能，这些功能是互相交织和促进的，体现出校园文化活动在美育方面的综合性和全面性，具有重要的教育意义。

（二）美育视角下的校园文化活动创新

通过将审美教育融入课外活动中，以艺术教育为核心，可以有效避免世俗化倾向的出现，同时也能避免某些低级庸俗的非主流文化对课外活动产生负面影响

① 姬天舒．实用图画心理学[M]. 石家庄：河北人民出版社，2012.

和冲击。审美教育的价值不仅在于熏陶学生的情操，更在于通过参与各种活动，为学生释放情感压力。通过参与多样化的课外活动，学生得以施展才华，释放内在能量，释放情感，而在这种释放的过程中，情感得到了更深层次的提升。校园文化活动不仅为学生提供了知识获取的机会，同时也为他们的全面成长提供了有力的支持。因此，要把美育渗透到校园文化活动之中。在美育的视角下，为了推动校园文化活动的创新，我们可以从多个角度入手。

1. 校园活动的丰富性

校园文化活动的丰富多彩，不仅为学生提供了专业知识、业余爱好、个人兴趣、人际交往、政治思想、社会接触等方面的丰富机会，同时也是提高学生素质的重要途径，能够激发学生多方面的感官和学习兴趣，将感知学习与实践操作有机融合，是教学与实践的完美结合。丰富多彩的校园文化活动为学生提供了调节思维模式、扩展思维内容、激发热情的机会，从而积极培养了学生的主动性、创造性和社会性，同时也促进了他们的实践能力和独立能力的发展。

2. 校园活动的游戏性

校园文化活动的审美特质不仅在于其内在的丰富性，更在于其蕴含的游戏性元素。在校园文化活动中，活动本身所包含的娱乐性、参与性和体验性特点更加突出，从而显著提升了学生的积极性。从另一个角度来看，学生、教师和辅导员在其中扮演着至关重要的中介角色，他们的作用更加显著。在教学过程中，学生和教师之间的互动是至关重要的，而校园活动则为学生提供了一个真正实现主体间相互交流的机会，这种交流不仅让学生更容易以一种游戏般的心态投入其中，同时也有效地促进了他们参与活动的有效性。

3. 活动“场”的开放性

在教学活动的环境中，常常会引发学生内心严肃和紧张情绪，而在文化活动中则不然。一方面，文化活动的时间安排具有高度的个性化，无论是学习时间、生活时间还是休闲时间，都可以做到自主安排；另一方面，活动的领域是开放的，可以在课堂、舞台、社区、自然等多个场所展开。学生在自由开放的时空中，得以消除学习过程中的潜在紧张情绪，同时也为他们的审美心理提供了必要的前提条件，从而在活动中获得了愉悦的体验。

四、校园精神文化创新

（一）校园精神文化的重要性

高校所倡导的校园精神文化，是由全体成员所认同和推崇的价值观念、思想观念、道德规范以及发展目标等多个方面的综合体现。高校校园文化的核心在于其所蕴含的校园精神文化，这种文化不仅是高校精神风貌的集中反映，更是校园文化的抽象和升华，是一股强大的精神力量。优秀的校园文化精神，不仅有助于营造浓郁的教育和学习氛围，同时也能在教育难以直接实现或未能充分发挥作用的环节中发挥引领和有益补充作用。因此，深入探索高校校园精神文化建设的策略，充分发挥其强大的精神力量，对于现实意义具有至关重要的意义。

校园精神文化既表现在潜移默化地影响着广大师生，又表现在凝聚师生精神上，它是一种高度抽象的校园文化标志，影响力与号召力不可低估。同学们在校期间，精神气质不可避免地会受到校园文化的熏陶，通常表现为同学们的群体性气质，每一所高校具有独特的校园精神，也培养出来一批气质各异的学子。

（二）校园精神文化与美育

校园精神文化作为学校校风、教风、学风等内涵的文化表达，虽看不见摸不着，却确实构成校园文化的有机组成部分，并以隐在的形式影响学生们的学习生活和个人成长。

校园精神文化从本质上讲，就是人类精神文化在校园中的反映。高校优良的校风、学风和教风总处在和谐之中，这种和谐总能够给学生以美的愉悦。学生按和谐精神文化要求，规范言行、自觉遵守校纪、自觉维护正常教学秩序，从而形成良好的学习生活习惯；知道和别人相互尊重和信任；关心集体，关爱他人以及师生互动；等等。学生不仅是这和谐之美的欣赏者而且是这一精神和文化的创造者和继承者。

（三）美育视角下的校园精神文化创新

高校精神文化既属于校园文化，又因校园文化的不同而表现各异。精神文化这一教育资源都有一个共同的特点，那就是它影响到了学生的学习，生活等方方面面。为此，以美育为前提的高校校园精神文化创新应关注以下两个方面。

第一，大学本身的精神品格应该隐藏在它所处国家和民族的深厚历史和文化传统中。高校作为文化集中的地方，理应责无旁贷地去创造、开发民族文化和把特有的民族文化内化为精神文化积累。高校有责任继承历史、开创未来、让人类历史和文化永葆活力。

第二，我国大学教育理念与模式受西方教育理念与模式影响较深，其得与失显而易见。由中国古代重视品德教育到西方科学传授在我国科学文化发展中起着巨大的促进作用，但是时至今日，人们对于教育理念的理解已有所改变，在教育人性化发展的背景下，人们已不再将教育看作是知识传递的过程，而将其看作是人类成长的过程。由此看来，要转变陈旧的教育理念与方式，充分借鉴西方教学理念，同时注重自身教育知识开发与整合，使校园精神真正民族化、时代化。

参考文献

[1] 金昕．当代高校美育新探 [M]. 北京：商务印书馆，2013.
[2] 周翠．高校美育德育的当代发展研究 [M]. 北京：中国纺织出版社，2021.
[3] 李琪．传统文化下的高校美育研究 [M]. 北京：原子能出版社，2019.
[4] 钟仕伦，李天道．高校美育概论 [M]. 北京：中国社会科学出版社，2006.
[5] 陈琦，李佳．以美化心以美育德高校审美教育研究 [M]. 长春：吉林人民出版社有限责任公司，2021.
[6] 柯汉琳．大学美育 [M]. 广州：广东高等教育出版社，2020.
[7] 平心主编．舞蹈表演心理学 [M]. 上海：上海音乐出版社，2013.
[8] 李彩霞．走向美育的文学研究与实践 [M]. 长春：吉林人民出版社，2021.
[9] 岳月，任陆．素质教育背景下的音乐美育研究 [M]. 北京：新华出版社，2021.
[10] 刘美辰．大学生美育教学研究 [M]. 合肥：黄山书社，2021.
[11] 武维臣．西藏高校非艺术类专业美育的现实关切 [J]. 新美域，2023（3）：116-118.
[12] 李晨．中华优秀传统文化融入高校美育的价值意蕴和实践路径探析 [J]. 汉字文化，2023（4）：187-189.
[13] 王文迪，鱼洋．以问题为导向的高校美育课程建设研究 [J]. 黄山学院学报，2023，25（1）：132-134.
[14] 赵思童．新时代高校美育教材融合出版探析 [J]. 中国出版，2023（4）：55-57.
[15] 于婉莹．高校艺术通识课程的美育价值及其实现 [J]. 中国大学教学，2023（Z1）：51-57.
[16] 廖镇宇，苏明霞．新时代高校美育文化：价值意蕴、阻碍困境和建构路向 [J]. 汉字文化，2023（6）：184-186.

[17] 张欣，唐红艳．“以美育人”高校思政教育与美育协同发展研究 [J]. 新美域，2023（2）：115−117.

[18] 卢长彤．新时代高校美育的内涵、问题及路径研究 [J]. 美术教育研究，2023（1）：97−99.

[19] 闫贝妮，宋琦．“身心合一”在高校美育课程中的实效与审美价值——以北京师范大学研究生公选课“身体视觉与创意舞动”为例 [J]. 艺术教育，2023（3）：249−252.

[20] 李卉菁．新时代美育对高校立德树人的价值探析 [J]. 经济师，2023（1）：243−244.

[21] 何楚璇．美育视角下高校舞蹈社团研究 [D] 广州：广州大学，2022.

[22] 赵菁钰．高校美育教育问题研究 [D]. 南昌：南昌大学，2022.

[23] 郭鑫茹．美育视域下高校音乐体态律动课程的实践应用 [D]. 济南：山东大学，2022.

[24] 李彤．新时代美育视阈下高校公共艺术教育研究 [D]. 乌鲁木齐：新疆艺术学院，2022.

[25] 李静．高校美育实践、困境及改进策略研究 [D]. 成都：四川师范大学，2021.

[26] 曹勇．高校通识教育中的设计课程研究：概念、内容与课题方法 [D]. 南京：南京艺术学院，2021.

[27] 李昊灿．高校美育的思想政治教育功能研究 [D]. 徐州：中国矿业大学，2021.

[28] 温霞．中美高校美育在线课程内容比较研究 [D]. 重庆：西南大学，2021.

[29] 艾文静．高校思想政治教育美育资源的开发利用研究 [D]. 武汉：武汉理工大学，2021.

[30] 金昕．美育与大学生人格养成 [D]. 长春：东北师范大学，2009.